10

solutions pour accroître l'estime de soi

Une méthode simple pour apprendre à mieux vous apprécier.

10

solutions pour accroître l'estime de soi

Une méthode simple
pour apprendre à mieux vous apprécier.

GLENN R. SCHIRALDI, Ph. D.,

Broquet

97-B, Montée des Bouleaux, Saint-Constant, Qc, Canada, J5A 1A9
Tél.: 450 638-3338 Téléc.: 450 638-4338
Internet: www.broquet.qc.ca Courriel: info@broquet.qc.ca

Catalogage avant publication de Bibliothèque et Archives nationales du Québec et Bibliothèque et Archives Canada

Schiraldi, Glenn R., 1947-

10 solutions pour accroître l'estime de soi

Traduction de : 10 simple solutions for building self-esteem.

ISBN 978-2-89654-076-1

1. Estime de soi. 2. Confiance en soi. I. Titre. II. Titre : Dix solutions pour accroître l'estime de soi.

BF697.5.S46S3414 2009 158.1 C2009-940643-8

POUR L'AIDE À LA RÉALISATION DE SON PROGRAMME ÉDITORIAL, L'ÉDITEUR REMERCIE :
le gouvernement du Canada par l'entremise du Programme d'aide au développement de l'industrie de l'édition (PADIÉ) ; la Société de développement des entreprises culturelles (SODEC) ; l'Association pour l'exportation du livre canadien (AELC).
Le gouvernement du Québec – Programme de crédit d'impôt pour l'édition de livres – Gestion SODEC.

Titre original : *10 Simple Solutions for Building Self-Esteem*

New Harbinger Publications, Inc.
5674 Shattuck Avenue
Oakland, CA 94609
www.newharbinger.com

Dépôt légal – Bibliothèque et Archives nationales du Québec
2e trimestre 2009

Traduction : Claude Dallaire
Révision : Denis Poulet, Diane Martin
Infographie : Nancy Lépine

Imprimé au Canada

ISBN 978-2-89654-076-1

Crédit photographique
Page couverture : © Andrey Popov | iStockphoto.com

Note de l'éditeur
Cette publication a été conçue dans le but de donner des informations justes et documentées à propos du sujet abordé, mais le lecteur comprendra qu'elle ne peut tenir lieu de services psychologiques, financiers, juridiques ou autres. Si vous avez besoin d'aide professionnelle, retenez les services d'un professionnel compétent.

Table des matières

Remerciements

Dans cet ouvrage, j'ai tenté de combiner le meilleur des connaissances occidentales et orientales dans le domaine de la psychologie. Je suis pleinement reconnaissant du travail de pionnier accompli par les docteurs Aaron Beck et Albert Ellis, qui ont développé des méthodes systématiques pour supprimer les schémas de pensées destructeurs, ainsi qu'au Dr Jon Kabat-Zinn pour avoir développé le programme de diminution du stress fondée sur la pleine conscience, qui permet d'appliquer la pratique des méditations conscientes pour soulager un grand nombre de conditions médicales et psychologiques. Les docteurs Zindel Segal, Mark Williams, John Teasdale et John McQuaid, ainsi que Paula Carmona, ont associé la pratique des méditations conscientes à la restructuration cognitive pour traiter la dépression, tandis que le Dr Jeffrey Brantley a appliqué la pleine conscience pour traiter l'anxiété.

Je suis reconnaissant du travail accompli par le Dr Steven Hayes, dont la thérapie de l'acceptation et de l'engagement – qui constitue un savant mélange de l'Occident et de l'Orient en elle-même – est une importante contribution à cet ouvrage. L'exemple et les enseignements de Mère Teresa, du Dalaï Lama, de Sogyal Rinpoche, de Viktor Frankl ainsi que de plusieurs autres individus extraordinaires ont eu une influence des plus bénéfiques sur ce livre.

J'apprécie grandement les étudiants de tous âges de l'Université du Maryland qui se sont prêtés avec autant d'assiduité et d'amabilité à l'expérimentation des pratiques décrites dans cet ouvrage, ce qui m'a permis de mieux comprendre comment enseigner ces pratiques de façon plus efficace.

Enfin, j'aimerais remercier le personnel extraordinaire et rigoureux de New Harbinger Publications, notamment Tesilya Hanauer, Heather Mitchener et Karen O'Donnell Stein, les rédacteurs qui m'ont secondé de façon si attentionnée pour mener cet ouvrage à terme, ainsi que Tracy Carlson pour avoir su transposer si habilement mes mots de manière graphique.

Des extraits de cet ouvrage ont été adaptés à partir de l'un de mes livres publié antérieurement, *The Self-Esteem Workbook* (Schiraldi, 2001).

Introduction

Pourquoi développer l'estime de soi? Les avantages d'une bonne estime de soi sont nombreux. L'estime de soi est associée de près au bonheur, à la résilience psychologique, et elle constitue une source de motivation pour mener une vie saine et productive. Les personnes qui manquent d'estime de soi risquent davantage de souffrir de dépression, d'anxiété, d'un problème de gestion de la colère, de douleur chronique, d'immunosuppression, et d'une variété d'autres symptômes physiques et psychologiques de nature émotionnelle. Le plus éminent chercheur en estime de soi, le Dr Morris Rosenberg, était fort pertinent lorsqu'il affirmait que rien ne peut être plus stressant que de ressentir l'absence d'assises et de quiétude élémentaires que procure un sentiment d'estime de soi équilibré. L'estime de soi est donc essentielle à notre santé, à notre faculté d'adaptation, à notre survie et à notre sentiment de bien-être.

Lorsque j'étais titulaire à l'Université du Maryland, j'ai conçu un cours fondé sur les aptitudes qui favorisent l'amélioration de l'estime de soi chez les adultes de 18 à 68 ans (Schiraldi et Brown, 2001) tout en diminuant chez eux les symptômes de dépression, d'anxiété et de problèmes de gestion de la colère. Il fut très intéressant de constater qu'une telle approche pouvait améliorer la santé mentale chez un individu. Un de mes ouvrages antérieurs, *The Self-Esteem Workbook* (Schiraldi, 2001), que vous trouverez peut-être utile de consulter un jour, décrit en détail ces aptitudes à l'estime de soi. Toutefois, si vous manquez de temps ou de motivation, ou si les circonstances actuelles vous empêchent de vous engager dans cette approche systémique, alors *10 solutions pour accroître l'estime de soi* est le livre qu'il vous faut. Ce guide vous propose une approche simple et efficace pour accroître votre estime de soi, une approche que, je l'espère, vous saurez trouver des plus enrichissantes.

1

Chapitre

Comprendre l'estime de soi

Plusieurs mythes et malentendus gravitent autour de l'estime de soi. Alors commençons par déterminer clairement les intentions de ce livre. L'estime de soi se définit comme l'opinion réaliste et favorable que l'on se fait de soi. Ue opinion réaliste est une approche empreinte d'authenticité, une connaissance lucide et honnête de nos forces, de nos faiblesses et de toutes les zones grises situées entre les deux. L'adjectif favorable laisse toutefois entendre que nous éprouvons, dans l'ensemble, de bons sentiments envers nous-mêmes. Pensez à un ami qui vous connaît bien et qui vous estime, qui sait vous apprécier bien au-delà de vos défauts, et vous aurez une meilleure idée du sens de favorable.

Une saine estime de soi se manifeste par la conviction que nous valons autant que quiconque, mais pas davantage. D'un côté, nous ressentons une satisfaction sereine d'être qui nous sommes et un sentiment de dignité en constatant que nous partageons ce que chaque individu possède : une valeur intrinsèque. D'un autre côté, ceux qui jouissent d'une bonne estime de soi savent rester humbles, car ils ont conscience qu'on ne cesse jamais d'apprendre et qu'en réalité nous sommes tous dans le même bateau. Il n'est pas nécessaire de faire preuve d'arrogance ou de vantardise, de nous croire supérieurs aux autres, davantage compétents ou importants que nous ne le sommes en réalité.

L'estime de soi ne ressemble pas à l'égocentrisme, à l'individualisme ou à l'égoïsme. Une personne qui se sent épanouie et bien dans sa peau peut faire preuve d'altruisme plus librement. Un criminel peut-il jouir d'une haute estime de soi ? En théorie, je suppose que c'est possible. Cependant, des études récentes ont montré qu'un enfant rebelle et agressif est davantage susceptible de se faire intimider, de se sentir rejeté, triste et mal-aimé, et d'éprouver une image de soi plus défavorable qu'un enfant moins agressif (Sprott et Doob, 2000). Il est donc important de faire une distinction entre un sentiment de confiance apparent et la satisfaction intérieure, sereine et stable, qui caractérise l'estime de soi.

L'estime de soi n'a rien à voir avec la suffisance ou l'excès de confiance, deux éléments pouvant mener à l'échec. En effet, l'estime de soi constitue un excellent facteur de motivation pour travailler fort. Et l'estime de soi n'est pas seulement importante aux yeux des peuples occidentaux : des études ont montré qu'elle est liée à la santé mentale et au bonheur des adultes en provenance de cultures diverses, y compris d'Asie (Lee, 2002 ; Zhang, 2005) et du Moyen-Orient (Hobfoll et London, 1986 ; Hobfoll et Leiberman, 1987).

Les pierres d'assise de l'estime de soi

L'estime de soi s'appuie sur trois éléments importants, ou pierres d'assise. Les deux premières pierres, la valeur inconditionnelle et l'amour inconditionnel, constituent l'assise de la troisième pierre, la croissance. Habituellement, la croissance s'effectue de manière plus efficace une fois que les deux premières pierres sont bien en place.

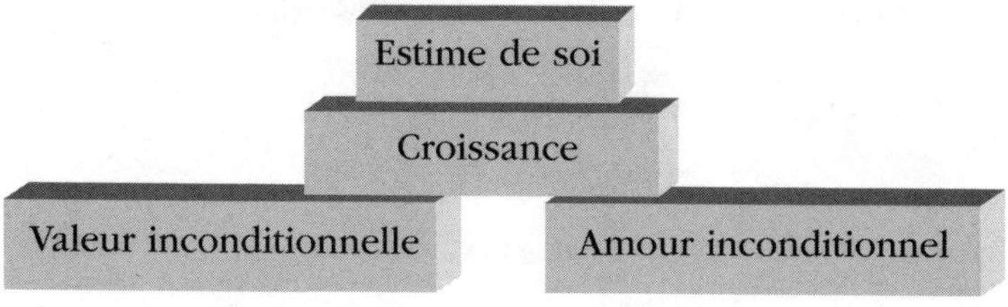

Figure 1

PIERRE D'ASSISE 1 : LA VALEUR INCONDITIONNELLE

Il existe un principe de base selon lequel chaque personne possède une valeur intrinsèque égale, incalculable et immuable en tant que personne. Elle ne s'attribue pas au mérite et elle ne change pas de valeur, en plus ou en moins, au gré de facteurs externes telles la façon dont les autres vous traitent, de mauvaises décisions ou les fluctuations du solde de votre compte bancaire. Cela diffère, j'en conviens, du message qu'on entend dans le monde des affaires ou dans certains cercles sociaux, qui assignent aux individus une valeur selon leur statut social ou financier. Cela dit, la présomption de valeur égale à celle des autres ne date pas d'hier, et elle peut être épanouissante. Mais des personnes brillantes ont des difficultés avec ce concept, tellement on leur a inculqué l'idée que la valeur innée peut s'accroître ou diminuer selon le rendement ou certaines circonstances. À ce propos, je trouve que l'analogie suivante est utile. Imaginez un cristal dont les facettes réfractent magnifiquement la lumière.

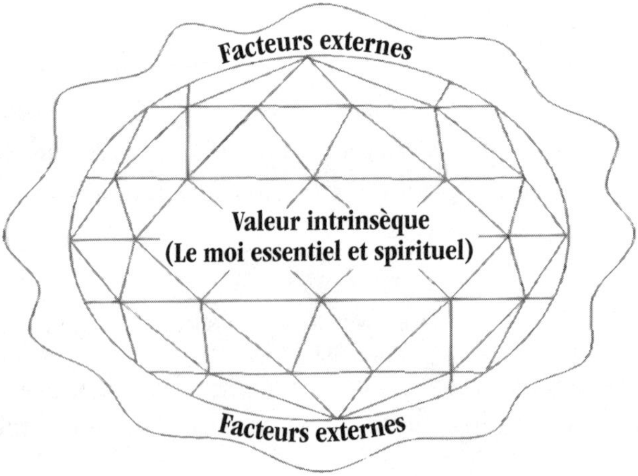

Figure 2 Le moi intrinsèque

Le cristal représente la valeur intrinsèque de chaque individu. Chaque facette du cristal représente un attribut requis pour vivre sainement. Ces facettes comprennent les capacités d'aimer, de penser de manière rationnelle, de se sacrifier, de persévérer, d'embellir, d'apprécier la beauté et de prendre de bonnes décisions. Chaque facette peut être polie et affinée tout au long de notre développement.

Le moi intrinsèque pourrait aussi être comparé à une graine. Pensez à un nouveau-né. Telle cette graine, le bébé au stade de l'embryon est déjà complet en soi, il possède tous les attributs requis pour s'épanouir. Le bébé est complet, mais il n'est certainement pas complété (c'est-à-dire parfait ou pleinement développé).

Facteur externes

Les facteurs externes sont des événements ou des circonstances externes qui peuvent changer la façon dont nous apprécions notre valeur, mais qui ne changent pas notre valeur. Certains facteurs externes ou certaines expériences peuvent masquer ou cacher la valeur intrinsèque d'un individu, tel un nuage gris ou un brouillard qui l'entourerait et l'obscurcirait. Il pourrait s'agir d'une personne qui a été maltraitée émotionnellement, physiquement ou sexuellement. Une telle maltraitance peut amener une personne à croire que sa valeur intrinsèque est défaillante, même si celle-ci reste intacte et valable. De la même façon, les gens qui ont souffert d'un traumatisme tels un viol ou la guerre se sentent souvent démolis intérieurement, mais ils peuvent profiter du soutien de conseillers en traumatismes spécialement formés pour se sentir de nouveau entiers ou guéris. D'autres facteurs externes agissent comme un rayon de soleil, illuminant notre valeur intrinsèque et nous aidant à l'apprécier de manière satisfaisante. Par exemple, être aimé ou réussir une tâche importante nous aide à apprécier notre valeur de manière plus intense et nous procure un sentiment agréable.

Les facteurs externes cependant, bons ou mauvais, ne constituent pas la valeur intrinsèque. Si une personne faisait un rapprochement entre sa valeur humaine intrinsèque et la valeur de son portefeuille d'investissements (un facteur externe), alors son estime de soi grimperait et chuterait au gré de la Bourse, se dirigeant vers le haut puis vers le bas, comme des montagnes russes. Notre objectif dans ce chapitre est d'apprendre à faire la distinction entre la valeur intrinsèque et les facteurs externes. Essayez d'imaginer que le nuage entourant le cristal (la valeur intrinsèque) se détache du cristal puis s'en éloigne, pour ainsi laisser la valeur intrinsèque tout à fait libre des facteurs externes.

Les facteurs externes comprennent l'état actuel de notre corps (l'apparence, la vitalité et la santé), le statut économique, le sexe, la race, l'âge, le poste occupé au travail, les promotions, les récompenses, l'adversité, la relation amoureuse ou la famille (l'état matrimonial, le nombre d'enfants, la fonctionnalité de la famille), la popularité, les résultats scolaires, les erreurs, les humeurs, le travail, les performances sportives, les niveaux de compétences et le contrôle exercé sur les événements. Il peut être difficile de dissocier la valeur intrinsèque des facteurs externes quand les médias insinuent que la valeur d'une personne diminue si celle-ci n'est pas riche, puissante, jeune et attrayante. L'homme sage dans *Tuesdays with Morrie* (Albom 1997, 42) conseillait cependant à son jeune ami, peu avant sa mort: «La culture actuelle ne confère pas aux gens une bonne estime d'eux-mêmes. Vous devez être assez fort pour affirmer que si la culture ne fonctionne pas, alors ne mangez pas de ce pain-là.» Une fois convaincus de notre valeur intrinsèque égale, nous sommes relevés de la nécessité d'être en compétition pour établir notre propre valeur. Nous devenons moins enclins à nous juger et à nous comparer aux autres. Bref, nous sommes rassurés sur notre propre valeur et, du même coup, sur nous-mêmes.

Parfois, des gens brillants éprouvent de la difficulté à séparer la valeur intrinsèque des facteurs externes. Ils se demandent comment une personne peut avoir une certaine valeur si elle n'est pas estimée des autres ou se sent inutile. Pensez à un enfant qui n'a pas encore accompli grand-chose. Pourquoi cet enfant vaut-il tant aux yeux de ses parents? C'est en partie parce que les parents ont choisi d'accorder une valeur à l'enfant. Et en partie parce que chaque enfant possède des qualités innées que nous aimons (le ravissement d'un enfant au jeu, par exemple). En dépit de son inexpérience et de ses maladresses, l'enfant dispose d'une capacité infinie d'aimer, d'agrémenter, de réconforter, de rire, d'adopter une nouvelle voie après une erreur, d'être patient, d'être gentil, d'être persévérant, de se développer et de rendre le monde un peu meilleur d'un grand nombre de manières. En tant qu'adultes, nous pouvons aussi choisir d'accorder de l'importance à notre valeur innée et à nos capacités. Et lorsque nous regardons notre vie passée pour nous remémorer les façons, petites ou grandes, qui nous ont permis de contribuer à notre bien-être et à celui des autres, nous devons reconnaître qu'aucune n'était inutile.

PIERRE D'ASSISE 2 : L'AMOUR INCONDITIONNEL

Comme le soulignait le psychologue Abraham Maslow (Lowry, 1973), la santé psychologique n'est pas possible sans amour dirigé vers le moi intrinsèque essentiel. Les enfants qui jouissent d'une bonne estime de soi ont tendance à avoir des parents qui les aiment. Ces parents démontrent un intérêt envers la vie de leurs enfants, les traitent avec respect, les encouragent et les soutiennent durant leurs efforts pour atteindre des standards élevés, et ils les aiment assez pour leur imposer des limites raisonnables. Et la bonne nouvelle est que même les enfants qui n'ont pas bénéficié de ce type d'amour parental peuvent apprendre à devenir de bons parents envers eux-mêmes.

Qu'est-ce que l'amour? Je le définis comme (1) un sentiment que nous éprouvons, (2) une attitude de tous les instants consistant à vouloir ce qu'il y a de mieux pour l'être aimé, (3) une décision et un engagement renouvelés tous les jours (même quand ça ne nous chante pas), et (4) une compétence qui s'acquiert.

Si le moi intrinsèque ressemble à une graine, alors l'amour représente la nourriture qui aide cette graine à se développer. L'amour n'engendre pas la valeur (elle existe déjà), mais il nous permet de reconnaître notre valeur et d'apprécier notre processus de croissance. Même si nous ne recevons peut-être pas toujours des preuves d'affection des autres, nous pouvons toujours choisir de nous aimer nous-mêmes.

Chaque individu a été créé pour aimer et être aimé.

— Mère Teresa

PIERRE D'ASSISE 3 : LA CROISSANCE

Nous avons tendance à ressentir une meilleure estime de soi lorsque nous vivons de manière constructive : en prenant des décisions raisonnables, en développant des attributs attrayants et en polissant les aspérités autour du moi intrinsèque. Ainsi, nous pourrions comparer la pierre d'assise 3 au processus de parachèvement, de floraison, ou à celui au cours duquel l'amour est mis en application. La croissance est une route et un processus, et non pas une destination à atteindre. La croissance ne transforme pas notre valeur intrinsèque, mais elle nous aide à l'apprécier avec plus de satisfaction. Le moi intrinsèque peut continuer de croître même lorsque le corps vieillit ou devient infirme. Tel que l'observait Viktor Frankl (1959), un survivant d'un camp de concentration, l'être humain est capable d'accéder à une liberté intérieure même si son corps est emprisonné. Nous grandissons chaque fois que nous tentons d'élever les autres en même temps que nous-mêmes, chaque fois que nous développons nos qualités et notre personnalité, et chaque fois que nous découvrons de nouvelles manières d'apprécier les plaisirs simples de la vie.

Exercice : Commencez en pensant au résultat escompté

Rappelez-vous certains des points principaux abordés jusqu'à maintenant : l'estime de soi est un sentiment de satisfaction calme et relativement immuable qui découle de la reconnaissance et de l'appréciation de notre valeur réelle et de notre choix d'aimer et de grandir. L'estime de soi ne souffre pas de comparaisons et de compétition avec les autres. Autrement dit, nous ne développons pas notre valeur en éclipsant les autres. Nous apprenons plutôt à reconnaître et à apprécier notre propre valeur. L'estime de soi n'est pas vaniteuse ou condescendante envers les autres. La personne qui possède une bonne estime de soi pense plutôt au bien-être des autres tout comme à son propre bien-être. L'estime de soi peut se développer à la suite d'efforts persistants. C'est une démarche qui exige de la lucidité, de l'amour et une croissance personnelle.

Prenez quelques instants pour réfléchir aux points suivants :

Comment pourriez-vous vous apprécier si vous n'êtes pas parfait, si l'on vous maltraite ou si toute comparaison avec les autres vous est défavorable ?

Quelles seraient les conséquences positives d'une meilleure appréciation de qui vous êtes ?

2

Chapitre

La conscience de soi

Nos expériences de vie et notre perception des facteurs externes peuvent affecter la façon dont nous nous sentons face à nous-mêmes. La bonne nouvelle cependant est que nous pouvons apprendre à développer l'estime de soi. Pour accroître l'estime de soi, les tentatives les plus efficaces doivent surtout cibler les pensées, les impressions, les sentiments et les comportements. D'après vous, lequel de ces éléments constitue le meilleur point de départ? Imaginez un cycle qui ressemblerait à ceci:

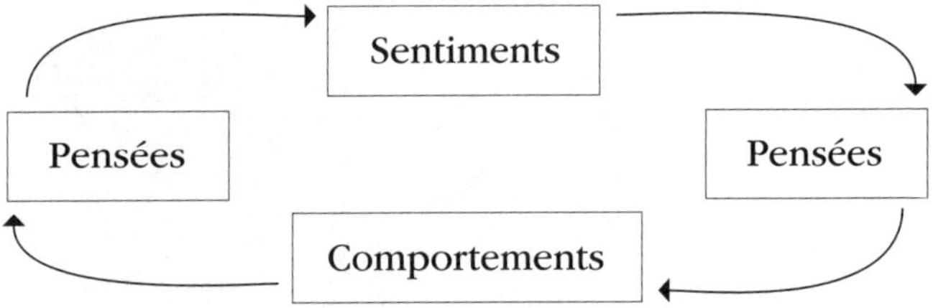

Figure 3

Un parent confie à son enfant une tâche qui lui convient pour son âge, comme s'occuper de sortir les ordures (comportement). Lorsque l'enfant réussit, il se voit félicité puis se dit: «Je peux y arriver, le monde est un endroit raisonnable.» (pensée) L'enfant se sent alors confiant, ce qui engendre d'autres pensées constructives telle: «Je peux probablement accomplir d'autres tâches avec succès.» En conséquence, l'enfant pourrait peut-être choisir un instrument de musique pour apprendre à en jouer (comportement). Ce qui mènerait à d'autres pensées constructives qui, à leur tour, engendreraient d'autres sentiments de confiance en soi, et le cycle se poursuivrait d'une manière qui renforce l'estime de soi. Vous saisissez? Je montre souvent ce cycle à des adultes pour leur demander: «Alors, d'après vous, quel est le meilleur endroit pour intervenir à l'intérieur de ce cycle lorsque vous tentez de développer votre estime de soi : dans les pensées, le comportement ou les sentiments ? » Habituellement, les gens me répondent qu'il est préférable de s'engager d'abord sur le plan du comportement et des pensées. Cette réponse n'est pas mauvaise – dans un modèle cyclique, toutes les réponses se valent. Par contre, prenez ceci en considération : sur quoi les parents d'un nouveau-né interviennent-ils lorsqu'ils tiennent leur bébé dans leurs bras, qu'ils l'embrassent ou qu'ils le regardent dans les yeux et lui font un sourire ? Sont-ils en train d'apprendre au bébé comment réfléchir et se comporter ? (Sont-ils en train de lui dire : « Je t'aime, car tu es si intelligent, et tu deviendras le chef de direction d'une grande entreprise » ?) Ou sont-ils en train d'influencer les sentiments du bébé ? Voilà une question intéressante. Habituellement nous, les adultes, choisissons de commencer par les pensées et les comportements. Cela nous semble plus sûr et plus concret, et nos pensées et nos comportements sont importants pour nous. Mais j'aimerais vous amener à réaliser que les attitudes du cœur revêtent au moins autant d'importance.

Le point de vue tibétain : la pleine conscience

Au cours des dernières années, on a découvert que la méditation pleine conscience constitue un moyen efficace pour améliorer un vaste éventail de conditions médicales et psychologiques variant de la douleur chronique au stress, à l'anxiété, à la dépression, à l'insomnie et aux troubles alimentaires. Il semble que ce type de méditation accroît l'activité cérébrale dans une région du cerveau associée au bonheur et à l'optimisme. Ceux qui pratiquent la pleine conscience se sentent souvent plus sûrs d'eux-mêmes et bien dans leur peau en dépit des facteurs externes. En fait, les résultats ont été tellement impressionnants que la méditation pleine conscience s'enseigne désormais dans les centres médicaux universitaires, les cliniques antidouleur, les hôpitaux et les écoles (y compris les facultés de droit) partout dans le monde.

La méditation pleine conscience, qui s'inspire de la tradition bouddhiste theravada, fut introduite dans les milieux médicaux occidentaux en 1979 par le Dr Jon Kabat-Zinn, de la faculté de médecine de l'Université du Massachusetts. Cette pratique traditionnelle explore le fonctionnement de la conscience, et envisage des moyens de rendre les gens plus heureux et de diminuer leurs souffrances. La pleine conscience est à la fois respectueuse des autres traditions et compatible avec elles, car elle ne juge pas une approche meilleure ou pire qu'une autre. Dans la préface du livre *Full Catastrophe Living* de Kabat-Zinn, la Dre Joan Borysenko souligne que «la pleine conscience est bien plus qu'une forme de méditation capable de provoquer d'importants changements sur le plan médical et psychologique; c'est également un mode de vie qui révèle l'état de plénitude, douce et aimante, qui repose au cœur de chacun de nous, même durant les périodes de douleur et de souffrance intenses» (1990, xvii). Vous aurez peut-être déjà remarqué que l'approche de la pleine conscience est compatible avec les concepts explorés au cours du chapitre 1.

D'après l'enseignement des maîtres spirituels tibétains, nous sommes constitués de deux esprits: l'esprit de sagesse et l'esprit ordinaire (Rinpoche, 1993). (Voir la figure 4)

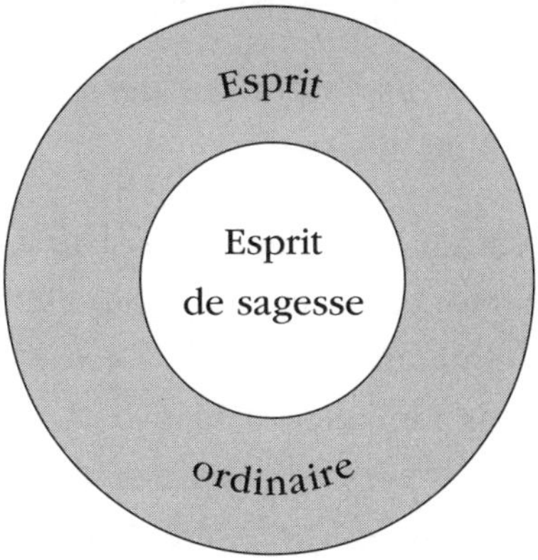

Figure 4

L'ESPRIT DE SAGESSE ET L'ESPRIT ORDINAIRE

L'esprit de sagesse représente notre état de bien-être naturel, qui ressemble au moi intrinsèque. L'esprit de sagesse, comme le moi intrinsèque décrit au chapitre 1, est bon, sage et empathique – il souhaite le bonheur aux autres autant qu'à lui-même (ce qui explique pourquoi il est heureux). Il est également de bonne humeur, optimiste, en paix avec lui-même, simple et intégré. L'esprit de sagesse se caractérise par l'estime de soi et la dignité, mais aussi par l'humilité – le constat que tous possèdent un esprit sage. Cependant, l'esprit ordinaire enveloppe l'esprit de sagesse comme un nuage sombre, qui nous empêche de prendre conscience de notre état de bien-être naturel et nous cause beaucoup de souffrance (Rinpoche, 1993).

L'esprit ordinaire s'attarde aux pensées virevoltantes et furtives, ainsi qu'aux sentiments négatifs et troublants. Lorsque nous disons «Je suis hors de moi (en colère)», nous voulons dire que nous sommes empêtrés dans l'esprit ordinaire et détachés de notre esprit de sagesse. La méditation pleine conscience nous enseigne comment aller au-delà de ces pensées éparpillées et de ces sentiments émotionnels pour nous retrouver dans la plénitude apaisante de l'esprit de sagesse.

Les jeunes enfants ne semblent pas ressentir d'aversion envers eux-mêmes. À mesure que nous vieillissons cependant, nous apprenons à juger sans cesse, à comparer, à critiquer, à nous inquiéter, à blâmer, à faire des obsessions de nos défauts et de ceux des autres, à évaluer et à nous battre contre le sort. Nous demandons que la vie soit différente ou nous souhaiterions être autrement, nous nous mettons en colère quand nous n'obtenons pas ce que nous estimons être notre dû. Nous avons peur de perdre ce que nous possédons et nous sommes tristes quand nous perdons quelque chose que nous avions cru nécessaire à notre bonheur. La pleine conscience nous enseigne comment nous défaire des liens de l'esprit ordinaire qui nous rendent malheureux et comment nous retrouver dans l'esprit de sagesse. Lorsque l'eau trouble cesse enfin d'ondoyer, elle devient limpide. De la même façon, lorsque nous laissons notre esprit se calmer, nous arrivons de nouveau à y voir plus clair. (Plus loin dans ce livre, nous examinerons les méthodes de méditation qui permettent d'y arriver.)

En méditation pleine conscience, les attitudes du cœur sont très importantes. D'ailleurs, dans la plupart des langues orientales, le mot qui désigne l'«esprit» est souvent le même que celui qui signifie «cœur». Au début de l'enseignement de cette approche, Jon Kabat-Zinn (1990) présente les attitudes de la pleine conscience. Cependant, nous pourrions considérer celles-ci comme les attitudes de «la bonté du cœur» et nous rappeler qu'elles revêtent plus d'importance que le verbiage de l'esprit et qu'elles se manifestent dans notre corps. Alors explorons ces attitudes, car elles incarnent les objectifs émotionnels du développement de l'estime de soi et constituent les assises émotionnelles nécessaires à notre cheminement.

La bonté du cœur

Les dix attitudes de la bonté du cœur, tirées d'un ouvrage de Jon Kabat-Zinn (1990), proposent une façon d'être différente, une nouvelle manière d'entrer en relation avec nous-mêmes et avec le monde.

1. La patience. La croissance personnelle prend beaucoup de temps. Quand nous plantons une graine de tomate, nous ne la piétinons pas en lui reprochant de ne pas être déjà une tomate. Nous l'enfouissons plutôt délicatement dans un sol fertile et nous nous assurons qu'elle ne manque jamais d'eau ni de soleil. Et lorsqu'une pousse émerge du sol, nous nous écrions: «Ça alors, elle pousse!» Nous continuons de soigner la plante en tout temps et nous retirons de la satisfaction de ce processus. Être patient signifie accorder sa confiance et ne jamais cesser de croire au processus de croissance, sans revendiquer ou exprimer des attentes avec colère, ni s'inquiéter que la graine ne pousse pas correctement. Normalement, nous ne pouvons prévoir quand ni comment nos efforts porteront fruit. «La patience est un arbre amer, mais il donne des fruits sucrés», dit un proverbe allemand. Ou, d'après un autre adage: «Il faut attendre la soirée pour savoir à quel point la journée fut splendide.»

2. L'acceptation. Accepter signifie laisser venir à soi ou accueillir favorablement. Accepter implique donc de voir avec lucidité et en toute conscience que le bien et le mal, la souffrance et la joie font partie de la vie, de mener sa vie sans se battre ni exiger que les choses soient différentes, sans tenter de changer, de corriger ou d'éliminer un désarroi aussitôt qu'il survient. Même si nous ne savons que faire, nous pouvons affirmer avec détachement: «Voilà comment sont les choses en ce moment.» Quand nous sommes en mesure d'évaluer la situation avec clarté, nous sommes alors libres de prendre une décision: agir de manière constructive ou laisser la situation telle quelle sans lui opposer de résistance.

Lorsque nous acceptons des invités chez nous, nous les accueillons avec ravissement tels qu'ils sont. Lorsque nous nous acceptons, nous faisons preuve d'une attitude accueillante semblable à notre propre égard. Nous sommes conscients de nos faiblesses (et devenons peut-être déterminés à nous améliorer de manière à nous apprécier avec encore plus de satisfaction). Nous reconnaissons également que nous ne sommes pas parfaits et que nous ne pouvons pas, simplement par notre volonté, atteindre immédiatement la perfection. Alors nous nous acceptons tels que nous sommes pour le moment. Nous en ferions autant pour un enfant et nous pouvons apprendre à le faire envers nous-mêmes. Comme le faisait remarquer le psychologue Carl Rogers: «Paradoxalement, dès que je m'accepte tel que je suis, je suis alors prêt à changer.» (1987, 17).

L'acceptation dépasse l'acceptation de soi, elle signifie que nous acceptons le monde tel qu'il est. C'est-à-dire que nous laissons venir à nous toutes les situations et la gamme d'émotions qui en découlent – l'embarras, la peur, la honte, le rejet, la tristesse, la déception et ainsi de suite –, et que nous acceptons de les prendre telles qu'elles sont. En nous délestant de notre aversion pour les sentiments négatifs, nous n'avons plus peur de les ressentir pleinement. Nous leur faisons face au lieu de les fuir. Sachant que les sentiments vont et viennent, nous les regardons survenir, calmement et patiemment, avant qu'ils ne se dissipent à leur propre rythme, en nous disant: «Peu importe ce que je ressens, c'est bien; c'est bien de simplement le ressentir.»

Acceptation ne veut pas dire passivité, résignation ou complaisance. Accepter signifie simplement voir les choses comme elles sont. Et lorsque la décision d'agir devient évidente, nous pouvons alors agir également avec acceptation, sans impulsivité, sans résistance ou toute autre attitude de la sorte. Et paradoxalement, lorsque nous relâchons notre emprise morbide sur l'envie de tout contrôler, nous atteignons un niveau plus élevé de contrôle de soi («Même si la situation ne s'améliore pas, je serai bien»). Nous acquérons davantage de confiance en notre capacité de gérer des émotions fortes.

Lorsque nous ressentons de la douleur ou de l'inconfort, il est tout à fait naturel que nous tentions d'éviter la douleur ou de faire quelque chose pour éliminer la source de cette douleur. Dans le cas d'un inconfort de source externe provoqué par le niveau sonore élevé de la radio d'un voisin par exemple, nous pourrions peut-être partir en voiture pour nous éloigner du bruit ou demander au voisin de baisser le volume de son appareil. Pour une douleur de source interne cependant, ce genre d'approche est habituellement contre-productif. Par exemple, une personne qui craint de voir poindre une crise de panique se crispera et tentera de la combattre, mais cela ne fera qu'intensifier la crise et accroître sa durée. Une meilleure approche consisterait à se détendre et à laisser la crise se produire puis se dissiper. De la même façon, des gens ayant vécu des expériences traumatisantes tentent parfois vainement d'effacer tous les souvenirs de cette épreuve. Or, il serait préférable qu'ils acceptent et transforment ces souvenirs. Si quelqu'un ressent une douleur chronique, l'une des pires choses à faire est de se crisper et d'essayer de la combattre. Souvent, en prenant simplement conscience de la douleur, en la sentant venir et repartir, on aide à la diminuer. Se crisper, grimacer, se braquer ou espérer que les choses se passent autrement accroît la réaction de lutte ou de fuite, ce qui en retour ne fait qu'exacerber le sentiment de détresse. Tenter d'éviter la douleur en fuyant, en s'intoxiquant avec des médicaments, en magasinant, en regardant la télé ou en ayant recours à toute autre forme d'évitement ne fait qu'inciter le sentiment de détresse à revenir avec plus d'intensité. De la même façon, admettre nos défauts et nos sentiments négatifs et les considérer avec une conscience entière et compatissante change la manière dont nous faisons face aux situations émotionnelles.

3. La compassion. La compassion, sans doute l'attitude fondamentale la plus importante, est la peine que nous ressentons par rapport aux souffrances des autres et notre désir d'apporter une aide. La compassion se rapproche de l'amour, ou de l'amour-bonté, constituant le genre d'amour universel sans distinction qui reconnaît la valeur et les besoins de tous les humains. Le Dalaï Lama a déjà observé que la compassion en Occident est une attitude que l'on pratique seulement envers les autres. Au Tibet, la compassion s'applique aux autres et à soi-même. Le Dalaï Lama ajoute qu'au Tibet il ne constate pas de mauvaise estime de soi ou de dépression, car les gens de ce pays ressentent de la compassion envers tous les gens (Goleman, 2003).

Le récit suivant, qui traite de compassion (Hinckley, 2000, 28-29), raconte l'histoire de deux garçons qui se promenaient le long d'une route traversant un champ. «Au bord de la route, ils aperçurent un manteau élimé ainsi qu'une vieille paire de chaussures pour hommes et au loin, le propriétaire de ces effets personnels travaillant dans le champ. Le plus jeune des deux garçons proposa de dissimuler les souliers, de se cacher et d'observer ensuite la perplexité sur les traits du propriétaire à son retour. Le plus vieux garçon, du genre bienveillant, ne trouvait pas l'idée si bonne.

«"Le propriétaire, lui dit-il, est sans doute un bien pauvre homme." Ils discutèrent de cette affaire, puis décidèrent d'aller vers une autre avenue. Au lieu de dissimuler les souliers, ils déposeraient une pièce d'un dollar dans chacun des deux puis, après s'être cachés, ils guetteraient la réaction du propriétaire au moment où celui-ci trouverait l'argent.

«Bientôt, l'homme revint du champ, mit son manteau, glissa son pied dans un de ses souliers, sentit quelque chose de dur, le retira, puis se retrouva avec une pièce d'un dollar. Un mélange de surprise et d'étonnement se dessina sur ses traits. Il scruta la pièce plus d'une fois, se retourna, ne vit personne, puis décida d'enfiler son autre soulier dans lequel il trouva, à sa grande stupéfaction, une autre pièce d'un dollar.

«Soudainement submergé d'un profond sentiment, il s'agenouilla pour offrir à voix haute une prière de remerciement dans laquelle il parla de sa femme, malade et démunie, et de ses enfants, qui avaient le ventre creux. Après avoir invoqué une bénédiction envers ses bienfaiteurs, l'homme quitta les lieux, et les garçons poursuivirent leur route, ravis des bons sentiments que venait de susciter leur compassion.»

Frank Robinson, un athlète talentueux honoré par le Temple de la renommée du baseball et qui est devenu par la suite un entraîneur respecté dans les ligues majeures, dut un jour retirer son receveur suppléant de la partie au beau milieu d'une manche. Le receveur avait commis deux erreurs et avait été incapable d'empêcher une série de sept buts volés. L'équipe de Robinson remporta la partie, puis le receveur, avec bienveillance et résignation, affirma: «Si mon père gérait cette équipe, je suis certain qu'il aurait agi de la même façon.» Mais à la conférence de presse d'après-match, Robinson, des larmes coulant le long de son visage, déclara: «Je compatis... J'admire simplement qu'il se soit accroché aussi longtemps... Ce n'était pas sa faute. Nous connaissons ses lacunes. L'équipe adverse en a pris avantage aujourd'hui. J'ai senti que j'avais besoin d'agir ainsi pour le bien de l'équipe.» La réaction de Robinson était une démonstration remarquable de compassion.

Mère Teresa affirmait que chaque individu a été créé pour aimer et être aimé. L'amour guérit nos blessures et favorise notre croissance. Nous avons de l'admiration pour les gens qui font preuve de compassion et nous savons à quel point il est bon d'éprouver ce sentiment autant en tant que bienfaiteur que comme bénéficiaire. Dans nos efforts pour développer la bonté du cœur, formulons donc l'intention de faire preuve de compassion envers tous, y compris envers nous-mêmes, d'éprouver de l'amour-bonté dans nos épreuves, de ressentir le désir d'aider tandis que nous essayons de surmonter la souffrance.

4. Le non-jugement. Un jeune enfant joue sans inhibition. Plus tard, il apprend à juger et à évaluer. Vous demandez-vous parfois à quel point nous faisons souvent cela en tant qu'adultes? Nous disons: «Je suis nul pour faire cela», «Je suis idiot», «Je ne suis pas aussi compétente que Marie», «Pourquoi ne suis-je pas meilleur?», «Pourquoi ai-je une si mauvaise estime de moi?», «Je suis pourrie», «Je serais censé m'améliorer plus rapidement», «Je ne réussis pas aussi bien qu'hier», «Je n'aime pas qui je suis», «Jamais je ne m'améliorerai», «Et si je n'obtiens pas cette promotion?», «C'est terrible d'avoir peur à ce point» ou «Je ne devrais pas me sentir triste.» Mais entre la carotte et le bâton, lequel fonctionne le mieux? Parler de façon malveillante est-il une source de motivation efficace? L'amour-bonté et les encouragements donnent-ils de meilleurs résultats? Un individu condescendant envers lui-même éprouve davantage de difficulté à se relever. Comme le disait un entraîneur de tennis: «Parfois, il faut tout simplement mettre fin aux pensées négatives et aux critiques qui vous bloquent la route. Pensez seulement "Rebond, frappe".» Observez ce qui arrive sans vous juger. Il peut être tout à fait libérateur de constater que nous n'avons pas à réagir de façon excessive à certaines situations en exprimant des critiques dures et punitives qui engendrent à leur tour d'intenses émotions négatives. Nous n'avons qu'à observer ce qui se passe et à réagir du mieux que nous le pouvons. Si vous constatez malgré tout que vous êtes en train de vous juger, vous ou votre rendement, ne jugez pas ce jugement. Remerciez l'esprit ordinaire de vous motiver ainsi à vous améliorer, puis ramenez calmement votre esprit à ce que vous étiez en train de faire au moment présent.

5. Le non-attachement. Les maîtres orientaux nous enseignent que l'attachement est à la source de notre insatisfaction. Ainsi, si je suis persuadé qu'il me faut une certaine marque de voiture pour être heureux, je pourrais me sentir triste si je ne l'achète pas. Si j'achetais cette voiture, je pourrais craindre qu'elle soit endommagée. Ou je pourrais devenir furieux si elle se faisait égratigner ou voler. De la même façon, si je suis attaché à l'apparence de mon corps, mon estime de soi pourrait diminuer à mesure que je vieillis ou que je prends quelques kilos. Nous pouvons nous entraîner à relâcher notre emprise sur les exigences que nous formulons de façon à être plus heureux et à jouir d'une bonne estime de soi, sachant que nous possédons déjà tout ce qu'il faut pour réaliser ces deux choses. Cela ne laisse aucunement entendre qu'il n'est pas important d'apprécier son corps et d'en prendre soin, mais seulement que les facteurs externes (l'argent, la reconnaissance, l'apparence, les rôles et ainsi de suite) ne sont pas responsables de notre estime de soi ou de notre bonheur.

En Inde et en Afrique, on attrape les singes en attachant une ficelle à une noix de coco remplie de friandises. On y pratique d'abord une ouverture juste assez grande pour que le singe puisse y insérer sa main. Une fois que le singe a empoigné la banane ou les sucreries à l'intérieur de la noix de coco, son poing est trop large pour ressortir par le trou. Le singe, refusant de lâcher son emprise, peut alors se faire capturer facilement. Aux îles Tonga, la pieuvre est un mets délicat. Pour en capturer, les pêcheurs suspendent, à partir de leurs pirogues, un simple appât confectionné d'une pierre et de coquillages qu'on appelle *maka-feke*. La pieuvre enserre l'appât et se fait hisser à bord de l'embarcation (Monson, 2006). Dans ces deux cas, l'attachement est la source du problème. Plusieurs formes de méditation nous enseignent à lâcher prise – à relâcher notre emprise sur ce qui peut nous empêcher d'éprouver du bonheur – et à nous détendre à l'intérieur de notre esprit de sagesse, là où les possibilités d'être heureux se trouvent déjà. Paradoxalement, dès que nous nous détachons des facteurs externes et que nous cessons de lutter avec autant d'énergie pour être quelqu'un qui ne nous ressemble pas, nous aimons davantage qui nous sommes.

6. L'esprit du novice. L'esprit de l'expert reste fermé aux nouveaux apprentissages et expériences. L'esprit du novice, lui, y est ouvert. Tout au long de ce livre, on vous demandera d'aborder les principes et les savoir-faire proposés avec un esprit ouvert, celui d'un enfant en train de ressentir quelque chose pour la première fois, sans attentes ni présomptions indues. Ne tenez pas pour acquis que la manière dont vous ressentez les choses ne peut pas changer. Lorsque vous essayerez quelque chose de nouveau, efforcez-vous d'atteindre un équilibre entre un scepticisme sain et une ouverture enjouée.

7. La bonne humeur. La plupart des psychopathologies découlent d'une tendance à considérer la situation avec trop de sérieux, à prendre la vie trop au sérieux. Nous devons rire de nous-mêmes, car nous faisons tous des choses ridicules à certains moments. L'un des plus grands défis de la vie consiste à trouver la meilleure façon d'en profiter pleinement. Au moment de mettre en pratique les savoir-faire présentés dans ce livre, essayez d'être de bonne humeur et de faire preuve d'esprit ludique.

8. L'engagement. Dans une relation amoureuse, nous nous engageons à assurer l'épanouissement de cette relation. Nous formulons une intention («Soyons heureux», par exemple) et cherchons des moyens de favoriser l'épanouissement. En développant notre estime de soi, nous invoquons une intention similaire. S'engager signifie aussi exécuter toutes les manœuvres nécessaires, même quand ça ne nous tente pas. Comme le disait l'alpiniste William H. Murray: «À partir du moment où un individu s'engage véritablement, la Providence l'accompagne également.» (1951, 7)

9. L'immensité. L'esprit de sagesse est assez vaste, profond et ouvert pour contenir toutes les pensées et sentiments en toute sérénité. Lorsque nous nous retrouvons dans notre esprit de sagesse, c'est comme si nous étions enfouis dans les profondeurs calmes et paisibles de l'océan. À partir de ce point de vue, nous pouvons apercevoir de manière détachée et compatissante toutes les pensées et les sentiments désagréables, semblables à des vagues ondulant à la surface avant de se résorber dans l'immensité de l'océan. Cette attitude nous aide à prendre conscience sereinement sans nous laisser emporter par des jugements défavorables envers nous-mêmes ou envers les situations que nous traversons.

10. La générosité. Bien qu'elle soit l'une des attitudes les plus importantes, la générosité n'est plus tellement valorisée par la culture occidentale, qui semble plutôt favoriser de plus en plus l'acquisition et l'accumulation de biens matériels. Or, le cœur généreux donne en s'inspirant d'un sentiment de vertu et non à partir d'un besoin de prouver sa propre valeur; il sait que donner compte pour quelque chose. Donner peut être très simple: un sourire, notre attention complète, faire preuve de patience, accepter les autres tels qu'ils sont (le cadeau de l'acceptation), de la courtoisie, donner un coup de main, encourager, donner de la nourriture ou de l'argent; c'est offrir ce que nous pouvons, pour autant que cela ne nous crée pas de difficultés indues. Quel rapport avec l'estime de soi? La générosité engendre un certain nombre de bénéfices intangibles. La joie que nous voyons sur le visage des bénéficiaires nous rend heureux et nous procure un sentiment de communion avec les autres. Donner nous aide à nous départir de nos attaches, car nous prenons conscience, après avoir donné, que nous ne faisons qu'un et que nous possédons déjà le germe du bonheur à l'intérieur de nous. Nous pourrions concevoir la générosité comme une pratique pour arriver à détendre notre poing fermé et à relâcher notre emprise sur les choses illusoires ou qui ne sont pas indispensables à notre bonheur.

Donner peut nous émanciper d'autres façons. Nous évitons parfois les gens qui éprouvent des difficultés, car nous avons peur que leur souffrance puisse nous contaminer et nous fasse sombrer. En agissant de la sorte, nous nous fermons à la joie de donner et d'aimer. Lorsque nous donnons à partir d'un cœur ouvert, aimable et qui ne porte pas de jugements, nous constatons dès lors notre interrelation avec les autres. Nous souffrons tous, à peu de choses près, pour les mêmes raisons, mais nous sommes tous assez profonds pour contenir la souffrance des autres avec sérénité et bonté.

Exercice : Mettez en pratique les attitudes de la bonté du cœur

Dans un cahier, décrivez un aspect problématique de votre estime de soi que vous éprouvez présentement. Décrivez ensuite de quelle manière vous pourriez aborder cet aspect en utilisant l'une, ou davantage, des dix attitudes de la bonté du cœur. Pour vous aider, vous pourriez vous rappeler les moments au cours de votre vie où vous avez ressenti ou observé ces attitudes. Par exemple, pouvez-vous penser à un moment où vous avez fait preuve de patience envers vous-même ? Ou à un moment où d'autres personnes ont fait preuve de patience envers vous ou envers eux-mêmes ?

3

Chapitre

Dissiper ses pensées négatives

L'estime de soi nous permet de nous apprécier d'une manière juste et satisfaisante. Qu'est-ce qui nous empêche d'agir ainsi? Ce sont les pensées négatives déraisonnables, qui encerclent et dissimulent notre moi intrinsèque comme un nuage de débris après une tempête. La thérapie cognitive (TC) est une branche de la psychologie qui aide les individus à déceler, à réfuter, puis à remplacer de telles pensées. Cette approche bien documentée est considérée comme un traitement conventionnel pour la dépression, l'anxiété ou les problèmes de gestion de la colère. Comme l'estime de soi est fortement reliée à ces conditions, la TC s'avère également très utile pour en favoriser le développement.

Le Dr Aaron Beck (1976) et Albert Ellis, Ph. D. (Ellis et Harper, 1975) ont tous deux mis au point une approche semblable pour aider les individus à restructurer leurs schémas de pensées. Leurs approches décrivent ainsi la façon dont nos pensées influencent nos émotions:

Adversité ⟶ Pensées ⟶ Émotions

L'adversité représente une situation ou un événement à charge émotionnelle. Par exemple, supposons que Paula et Lisa ont été élevées par un père extrêmement violent. En réaction à cet abus (adversité), Paula se dit (pensée): «J'ai été traitée de façon si dure. Je ne dois pas valoir grand-chose.» Il en résulte qu'elle se sent déprimée et qu'elle éprouve de l'aversion envers elle-même (émotion). Lisa réagit au même type d'abus en pensant différemment.

Elle se dit: «Il me traitait peut-être comme une vermine, mais ce n'est pas ce que je suis.» Lisa est contrariée par le traitement abusif, mais elle maintient son estime de soi et son optimisme. Ce sont les pensées que nous choisissons qui déterminent si nous nous sentirons contrariés ou dérangés sur le plan émotif.

La TC démontre que les pensées qui influencent nos émotions nous traversent l'esprit si rapidement que nous les remarquons à peine, et que nous pouvons encore moins les intercepter pour évaluer si elles sont raisonnables. Le Dr Beck les appelle les pensées automatiques (PA). On appelle distorsions les PA composées de pensées déraisonnables – autrement dit négatives, qui portent un jugement, malveillantes et inexactes – qui font que nous nous sentons insatisfaits et mal à l'aise avec nous-mêmes.

La TC tient pour acquis que chaque individu est capable de réfléchir de manière raisonnable. Cependant, comme nous sommes des êtres imparfaits, nous pourrions tirer des conclusions erronées des données erronées que nous recueillons. Songez par exemple à ce que pensent les enfants sur la naissance des bébés avant d'apprendre ce qu'il en est vraiment. Ils pourraient croire que la cigogne livre les bébés, que les hôpitaux en fabriquent ou qu'ils poussent à l'intérieur du ventre de leur maman. Lorsqu'ils apprennent la vérité, leurs réflexions deviennent plus raisonnées. Dans l'exemple ci-dessus, Paula accepte le message de son père prétendant qu'elle ne vaut rien, non pas parce qu'il est vrai mais parce qu'elle ne le réfute pas. La TC affirme qu'un individu peut apprendre rapidement et efficacement à reconnaître ses schémas de pensées, puis à les réfuter pour ensuite remplacer les distorsions par des pensées plus raisonnables. Ainsi, l'individu acquiert un certain contrôle sur ses pensées et ses émotions.

Un certain nombre de facteurs influencent nos schémas de pensées, pour le meilleur et pour le pire. Par exemple, les événements que nous subissons peuvent influencer nos pensées. Ainsi, quelqu'un qui a été agressé sexuellement ou physiquement pourrait penser: «J'ai été traité comme un objet, alors je dois en être un.» Notre environnement social, qui pourrait inclure les médias, nos amis et notre famille, peut aussi influencer notre façon d'apprendre à penser. Par exemple, un père qui viendrait d'apprendre que sa fille a été victime d'un viol pourrait la serrer dans ses bras et simplement dire: «Cela a dû être terrible.» Imaginez à quel point les pensées de cette fille seraient différentes si son père portait plutôt un jugement à son endroit, laissant entendre qu'elle a une part de responsabilité. De la même façon, les émotions et l'estime de soi des soldats peuvent être influencés par le soutien manifesté à leur endroit après leur retour du front. Notre condition physique – notre état de santé, ou à quel point nous sommes bien reposés, repus ou conditionnés – affecte également notre capacité à penser avec lucidité. Enfin, nos aptitudes d'adaptation et nos schémas de comportement peuvent influencer nos pensées. D'autres chapitres dans ce livre aborderont ces facteurs qui influencent nos pensées.

Bien que les événements puissent influencer nos pensées, l'une des prémisses de base de la TC soutient que nous sommes ultimement responsables des pensées que nous choisissons. Nous ne pouvons pas toujours contrôler la manière dont les autres nous traitent, mais nous sommes entièrement libres de contrôler nos pensées. Cette façon de voir ne blâme pas les individus de manquer d'estime d'eux-mêmes. Il est plutôt libérateur de constater que nous pouvons transformer les pensées qui influencent notre estime de soi et éviter de blâmer les autres pour nos sentiments actuels.

Les distorsions de la pensée

Examinons les types élémentaires de distorsions (Beck, 1995; Ellis et Harper, 1975) et comment ces distorsions peuvent être modifiées. Comme il n'existe qu'un petit nombre de distorsions, vous pouvez les apprendre toutes, ainsi que leurs pensées de remplacement, pour vous éviter de tomber dans les pièges courants tendus par la pensée. À force d'entraînement, vous apprendrez à remplacer les distorsions de la pensée rapidement et sans trop d'effort, ce qu'exigent souvent les situations stressantes.

LA PENSÉE TOUT-OU-RIEN

Ici, vous vous considérez par rapport à des normes idéales, ou presque idéales. Si vous ne «franchissez pas la barre», vous en arrivez à la conclusion que vous ne valez rien. Il n'existe pas d'entre-deux ou de mérite partiel pour l'effort déployé. Un étudiant brillant et sympathique m'a annoncé un jour qu'il était très préoccupé au sujet d'un devoir de création littéraire. La perspective de recevoir n'importe quelle note sauf un A le rendait déprimé et suicidaire. Il finit par découvrir la distorsion: «Dans ma culture, si vous n'atteignez pas vos buts, vous ne méritez pas de vivre», me dit-il. Je lui demandai: «Où est-il écrit qu'une personne qui n'est pas parfaite ne vaut rien?» Il réfléchit un certain temps puis répondit: «C'est la première fois que quelqu'un me dit que je n'ai pas à être parfait pour valoir quelque chose.» Certains remettent leur valeur en question s'ils n'arrivent pas à gagner tel salaire, perdent un débat ou commettent une erreur. Si vous devez juger, essayez d'évaluer seulement le résultat et non le moi intrinsèque. Vous pourriez vous dire : « J'ai frappé pour une moyenne de 800 pour ce travail. C'est très bien. La prochaine fois, j'essaierai de faire les choses un peu différemment. »

L'ÉTIQUETAGE

Avez-vous déjà remarqué que les gens s'accolent souvent une étiquette pas très gentille? « Je suis bête », « Je suis tellement nul », « Je suis ennuyeux, » « Quel idiot je fais ! », « Pourquoi suis-je bête à ce point? » (Notez bien que cette dernière affirmation n'est pas tant une question qu'une expression de ressentiment envers soi. Les gens qui utilisent de telles expressions risquent davantage de souffrir de dépression, car ils se maintiennent dans un état d'immobilisme et d'impuissance.) Vous pourriez vous demander si pareils jugements malveillants parviennent à motiver aussi bien que des encouragements. D'un autre côté, vous pourriez vous dire : « Un perdant ne gagne jamais, alors pourquoi me donnerais-je la peine? » Voici pourquoi les étiquettes négatives ne sont pas raisonnables. Lorsque vous dites « Je suis bête (ou imbécile, ou ennuyeux) », vous affirmez que vous êtes toujours bête dans toutes les situations. C'est manifestement faux. Par exemple, Howard Gardner (1993), de Harvard, souligne qu'il existe différentes façons de manifester son intelligence. Certains individus peuvent révéler leur intelligence par les mathématiques ou l'expression orale. D'autres par des habiletés personnelles (l'intelligence émotionnelle), des habiletés interpersonnelles (les gens), la musique, les arts (ou autres habiletés spatiales) ou des habiletés physiques (tels le sport ou la danse). L'antidote à l'étiquetage négatif? Encore une fois, si vous devez juger, ne jugez que le comportement (en disant «Aujourd'hui, cela n'a pas été si bien réussi», par exemple). Le moi intrinsèque est trop complexe pour être affublé d'une simple étiquette.

LA SURGÉNÉRALISATION

Demandez à un pessimiste ou à quelqu'un avec peu d'estime de soi de vous expliquer pourquoi il s'est disputé avec sa conjointe et il vous répondra probablement quelque chose du genre «Je ne suis pas très diplomate» (il s'accole une étiquette). Il aggravera sans doute son cas en disant également: «Je bousille toujours mes relations. Je n'arrive jamais à les faire fonctionner.» Cependant, au lieu de se juger sévèrement, il serait plus juste qu'il pense: «Je n'ai pas appris à m'occuper de ce sujet délicat en gardant mon calme.» En plus de recourir à «toujours» et à «jamais», la personne qui fait de la surgénéralisation a tendance à utiliser des mots tels que «personne» et «tout le monde». L'humoriste Rodney Dangerfield confiait, à la blague, que son psychiatre lui avait déjà dit: «Ne soyez pas ridicule. Ce n'est pas tout le monde qui vous déteste. Il y en a qui ne vous connaissent pas.» Un antidote à la surgénéralisation consiste à utiliser les mots «parfois» ou «quelques». Il est habituellement plus juste de se dire: «Parfois je réussis assez bien. Quelques personnes m'aiment bien, au moins un peu.»

LES SUPPOSITIONS

Peut-être êtes-vous en train de vous dire: «Oui, mais moi je sais que ce serveur ne m'aime pas. Regardez de quelle manière il s'est comporté avec moi.» Il pourrait s'agir ici de la distorsion que nous appelons voyance. Le serveur pourrait vous avoir pris en aversion ou pas. Il pourrait tout simplement être fâché par rapport à quelque chose qui lui est arrivé vingt minutes ou vingt ans auparavant. Il pourrait être irrité par rapport à quelque chose que vous avez fait, mais il ne vous déteste pas nécessairement. Alors son aversion à votre endroit ne constitue qu'une seule hypothèse. À défaut d'aller vous en enquérir auprès de lui, vous ne saurez pas vraiment ce qu'il en est. Supposons que vous ayez été invité à la fête de quartier de votre voisinage. Vous pourriez présumer que si vous y assistiez, tout le monde vous détesterait et que vous y passeriez un moment exécrable. Il pourrait s'agir ici de la distorsion connue sous le nom de bonne aventure, ou prévision de l'avenir. En vérité, certaines personnes pourraient vous trouver bien, d'autres pourraient vous prendre en aversion, et d'autres encore pourraient à peine remarquer votre présence. Vous pourriez vous rendre à la fête avec un esprit ouvert, comme quelqu'un qui tente une expérience, et simplement observer ce qui s'y passera. Il arrive aussi que de bonnes choses surviennent.

LE RAISONNEMENT ÉMOTIONNEL

Pouvez-vous vous rappeler un enseignant qui vous «faisait» sentir bête? Maintenant, lorsque vous faites face à une nouvelle situation émotionnelle, vous sentez-vous encore inapte au point de croire que vous êtes réellement inapte? Ou peut-être avez-vous déjà pris une mauvaise décision et que vous vous sentiez tellement honteux que vous en aviez conclu que vous ne valiez rien. Établir automatiquement une adéquation entre les sentiments et la réalité s'appelle le raisonnement émotionnel. Nous pouvons être ouverts aux sentiments et les accepter, mais nous pouvons aussi reconnaître que les sentiments ne représentent pas nécessairement la réalité. Prenez soin de vous rappeler que les sentiments négatifs sont une expression de contrariété et non une affirmation de faits. Réfutez les pensées sous-jacentes. Pour vous aider à esquiver la pensée tout-au-rien, demandez-vous: «À quoi pourrait ressembler être inapte, bon à rien ou minable à cent pour cent?»

S'ATTARDER AU NÉGATIF

Supposons que vous possédez un magnifique jardin. L'une de vos plantes a mauvaise mine, alors vous vous concentrez exclusivement sur cette plante qui éprouve des difficultés. Bientôt, vous ne remarquez plus les autres plantes magnifiques. De la même façon, vous pourriez vous attarder à une erreur ou à un défaut au point de détruire votre estime de soi, ou même votre vie. Ce faisant, vous négligeriez de prendre en considération tout le bien qui existe et tout le bien que vous avez fait. Devant un miroir, vous concentrez-vous uniquement sur ce qui ne va pas? Ou remarquez-vous ce qui est bien – votre apparence dans son ensemble, votre sourire, et ainsi de suite? Lorsque vous constatez que vous êtes en train de vous attarder sur ce qui ne va pas avec vous ou votre vie, vous pourriez vous dire: «Bon, peut-être est-ce là quelque chose sur lequel je pourrais travailler. En attendant, que se passe-t-il d'autre? Autour de moi, qu'est-ce qui fonctionne bien? Au-delà des défauts, qu'est-ce qu'un ami remarquerait?» Un jour, un homme dit à son voisin, à la blague: «Pourquoi êtes-vous si heureux? Votre vie est tout aussi ratée que la mienne.» La personne qui est heureuse prend peut-être le temps de regarder sa vie avec recul, appréciant tout ce qui n'est pas mauvais.

REJETER LE POSITIF

Alors qu'en s'attardant sur les choses négatives on omet de considérer les éléments positifs, cette distorsion, elle, nie véritablement les éléments positifs. Imaginez qu'une personne vous fasse un compliment pour un travail bien accompli. Vous dites : « Ce n'était pas grand-chose. » Cependant, il serait beaucoup plus gratifiant de remercier votre interlocuteur et de vous dire : « Je suis vraiment content d'avoir compris ce qui était exigé de moi et d'avoir fait un si bon travail. » Ainsi, vous réaffirmeriez le compliment reçu à la personne qui vous l'a fait et à vous-même.

LES COMPARAISONS DÉFAVORABLES

Comme il est gratifiant de se dépasser, d'exprimer ses talents et d'atteindre des objectifs reliés à nos passe-temps, à nos études, à notre profession, à nos loisirs, aux causes qui nous tiennent à cœur ou à nos relations ! Les exemples de ceux que nous respectons et admirons peuvent nous inspirer et nous suggérer toutes sortes de voies. Cependant, dès que nous commençons à nous comparer aux autres, les ennuis commencent à surgir. L'inspiration se transforme alors en jugement : « Je ne suis pas aussi intelligent que Alexi », « Sandra est une meilleure golfeuse que moi », « Jacob est plus populaire que moi, et de loin », « J'aimerais tant réussir aussi bien que Félix ; elle est une gérante hors pair alors que je ne suis qu'une vendeuse. » Dans chacune de ses situations, on se mine soi-même, et l'estime de soi en souffre.

L'antidote à cette distorsion est de simplement cesser de se comparer, puis de reconnaître que chaque personne fait sa part à sa façon, à son propre rythme unique.

Je demande parfois à mes étudiants: «Qui est le plus important, le chirurgien ou l'omnipraticien?» Ils peuvent me répondre: «Eh bien, un chirurgien pourrait résoudre une situation critique, mais l'omnipraticien, lui, pourrait l'empêcher de survenir.» Je demande: «Qui est le plus utile, le chirurgien ou le physiothérapeute?» «Eh bien, le chirurgien peut sauver une vie, mais le thérapeute pourrait contribuer à rétablir la motricité et redonner espoir», répondent-ils. Lorsque nous nous demandons lequel du médecin ou de l'éboueur est le plus essentiel au bien-être de la nation, nous réalisons assez rapidement que chaque individu y contribue à sa manière. Pourquoi nous entêter à comparer et à juger? En prenant suffisamment de recul pour obtenir une meilleure vue d'ensemble, nous voyons que chaque personne possède un mélange original de forces et de faiblesses. Ainsi, au moment de nous comparer à des incarnations parfaites du succès, nous devrions nous rappeler que chaque personne, aussi experte soit-elle, éprouve des difficultés dans certains domaines.

IL FAUDRAIT, JE DEVRAIS

Les affirmations de «devoir» («il faudrait», «je devrais») sont des exigences perfectionnistes et rigides que nous nous imposons en espérant peut-être qu'elles nous aideront à surmonter l'inconfort de ne pas être parfaits. Nous disons souvent: «Je ne dois pas commettre d'erreurs», «J'aurais dû savoir cela», «Je devrais réussir encore mieux», «Il ne faudrait pas que j'échoue» ou «Je devrais être un patron (ou un conjoint, un enfant) parfait.» Il y a une dimension de reproche dans ces exigences. Nous souhaiterions qu'elles nous motivent à faire mieux, mais elles ne font habituellement que nous faire sentir pires. Comment vous sentez-vous lorsque vous vous êtes dit que vous deviez exécuter une tâche à la perfection et que vous n'y parvenez pas? Des études ont montré que nous avons tendance à mieux exécuter nos tâches quand nous aspirons à faire un bon travail plutôt qu'un travail parfait, car nous sommes alors moins tendus.

Qu'est-ce que ça veut dire si vous n'accomplissez pas à la perfection ce que vous vous êtes contraint à faire? Cela signifie-t-il que vous ne valez rien ou que vous êtes simplement imparfait? Peut-être que le seul «je dois» raisonnable est celui qui nous incite à être simplement qui nous sommes, compte tenu de l'imperfection de nos origines, de notre expérience, de notre degré de compétence et de notre compréhension. Certains croient qu'une manière plus plaisante et efficace de motiver les gens consiste à remplacer les formules d'exigences par des affirmations telles que «je peux», «je pourrais», «je veux», «je choisis» et «je préfère». Alors, au lieu de dire «je devrais» ou «je dois», nous pourrions dire: «Je veux m'améliorer», «Je choisis de travailler fort», «J'aimerais beaucoup remporter la compétition», «Je veux être un parent aimant», «Ce serait fantastique d'atteindre cet objectif» ou «Je me demande comment je pourrais m'améliorer; qu'est-ce que ça prendrait?» Sachez cependant qu'il peut s'avérer très difficile d'abandonner le «devoir». Souvent, il peut être bénéfique de constater que la renonciation aux «je dois» et «je devrais» n'équivaut pas à renoncer à une valeur qui nous est chère, comme travailler fort ou faire de son mieux. Cette renonciation nous donne tout simplement la liberté d'aborder notre objectif de manière plus agréable, en nous jugeant moins et, probablement, d'une façon plus efficace.

ANTICIPER LA CATASTROPHE

Anticiper la catastrophe, c'est considérer qu'une situation émotionnelle (tels un embarras ou la crainte d'un échec) est insupportable, dévastatrice, intolérable ou terrible. Quelqu'un pourrait se dire, par exemple: «Jamais je ne prononcerai de discours. Je pourrais bafouiller et les gens se moqueraient de moi. Ce serait terrible!» ou «Ce serait horrible de me faire rejeter», ou encore «Lorsque mon patron me critique, je suis incapable de le supporter.» De telles affirmations accroissent nos sentiments de peur et d'agitation et minent la confiance en soi. Nous risquons alors de nous contracter et d'agir en deçà de nos aptitudes. Nous risquons même de prendre l'habitude d'éviter les situations difficiles, nous privant d'occasions de maîtriser nos peurs et d'accroître notre estime de soi. La tendance à anticiper la catastrophe commence souvent par l'évocation d'une crainte appréhendée (telle que «Je pourrais échouer»), menant à une conclusion négative («Je vais probablement échouer; je vais mettre des gens en colère ou les décevoir»), ce qui soulève les pires attentes («Ce serait terrible. Rien ne pourrait être pire»). En réalité, lorsque nous cessons d'anticiper la catastrophe, nous devenons plus calmes et pensons avec plus de lucidité. Nous apprenons que nous pouvons effectivement faire face à l'adversité même si celle-ci n'est pas nécessairement commode ou de tout repos. Pour contrer l'envie d'anticiper la catastrophe, il suffit de se dire: «Bon, je n'aime pas cette situation, mais je peux certainement y faire face», «Ça pourrait être pire. Je ne suis pas en train de me faire tirer dessus. Ça passera» ou «Je peux vraiment réussir à passer au travers.» En utilisant de telles pensées de remplacement, nous apprenons à faire face à ce qui nous effraie dans le calme et avec une pleine acceptation au lieu de nous en éloigner. Et ce faisant, nous devenons plus sûrs de nous-mêmes.

RAMENER À SOI

Ramener à soi signifie croire que nous sommes davantage responsables ou concernés par une situation que ne le démontrent les faits. Par exemple, la victime d'un viol se croit parfois responsable du crime au lieu d'en imputer la faute à son auteur. Ou un homme peut se demander ce qu'il a fait pour mériter les accès de colère de son épouse, sans réaliser que sa femme ce jour-là en veut à l'humanité au complet.

Ramener à soi est une tentative pour exercer davantage de contrôle sur une situation que nous ne le pouvons en réalité. Ironiquement la tentative échoue, car la réalité nous amène à constater que nous avons moins de contrôle que nous ne le souhaiterions. Nous n'avons pas le pouvoir de contraindre les autres à agir comme ils le font, et nous ne pouvons pas toujours éviter que les autres ressentent de la douleur. La façon d'éviter de ramener une situation à soi consiste à se demander: «Pourquoi quelqu'un agit-il ainsi? Se pourrait-il que je n'en sois pas véritablement la cause?»

BLÂMER

Alors que ramener à soi consiste à nous imputer une trop grande part de responsabilité, blâmer consiste à attribuer une trop grande de responsabilité aux autres. Par exemple, nous pourrions nous dire: «Je blâme mes parents pour mon problème de consommation d'alcool; ce sont eux qui m'ont incité à boire» ou «J'ai une mauvaise estime de moi parce que mon épouse m'a quitté.» Plus nous évitons d'assumer la responsabilité de notre propre bien-être, plus nous nous sentons démunis et en perte de contrôle. Nous pourrions nous dire plutôt: «En effet, cette situation est difficile. Maintenant, j'assume la responsabilité de passer au travers.»

Exercice: Retour sur les distorsions

Maintenant, examinons de quelle façon utiliser ce qui constitue l'épine dorsale de la TC, le petit journal des pensées. Ce répertoire donne de meilleurs résultats lorsque vous maîtrisez déjà raisonnablement bien les différents types de distorsions. Avant de commencer, revoyez la liste des distorsions, puis interrogez-vous en pensant à une situation de tous les jours pour chaque type de distorsion et trouvez une pensée de remplacement pour chaque distorsion.

Appliquer la thérapie cognitive: le petit journal des pensées

L'un des postulats de la TC affirme que l'on ne s'améliore pas sans s'exercer. Le petit journal des pensées est l'outil de base qui nous permet de ralentir nos pensées de manière à intercepter et à remplacer les distorsions auxquelles nous avons l'habitude de recourir.

Trouvez une situation qui mine votre estime de soi et faites ressortir les sentiments qui en découlent. Évaluez chaque sentiment sur une échelle de 1 à 10, 1 signifiant aucune perturbation et 10 désignant une perturbation profonde. Dressez ensuite une liste numérotée de vos pensées automatiques (PA) pour cette situation et revenez en arrière pour y consigner les distorsions entre parenthèses. Ensuite, pour chaque PA, inscrivez une pensée de remplacement plus rationnelle. Enfin, évaluez de nouveau les sentiments suscités et observez tout changement dans leur intensité. Toute diminution d'intensité vaut la peine d'être soulignée. Vous trouverez ci-dessous un exemple de petit journal des pensées.

Situation émotionnelle (adversité):
J'ai échoué à mon examen de promotion.

Sentiment(s) suscité(s)	Avant d'écrire des pensées de remplacement	Après avoir écrit des pensées de remplacement
Déprimé	9	5
Anxieux	7	5

Pensées automatiques (distorsions)	Pensées de remplacement
1. Je suis un idiot. (Étiquetage)	1. Cet examen était ardu. Je serai mieux préparé la prochaine fois.
2. Je bousille tout. (Surgénéralisation)	2. Ce n'est qu'un examen. J'accomplis plusieurs choses bien, autrement je n'aurais pas été recommandé pour une promotion.
3. Tout le monde a mieux réussi que moi. (Surgénéralisation)	3. Certains ont mieux réussi que moi, mais d'autres ont fait pire.

Pensées automatiques (distorsions)	Pensées de remplacement
4. Joe l'a eu. Il est tellement plus intelligent que moi. (Comparaison défavorable)	4. Joe réussit toujours très bien ses examens. Je possède d'autres qualités. Nous sommes différents, c'est tout.
5. Je vais échouer à la reprise. Ce sera affreux. (Anticiper la catastrophe)	5. Si je me préparais d'une manière plus adéquate, je pourrais peut-être réussir l'examen. J'espère y arriver. Si je n'y parviens pas, je peux certainement vivre avec, même si je préférerais toucher ce supplément de revenu.

LA DÉFUSION

Dans un ouvrage brillant intitulé *Get Out of Your Mind and Into Your Life* («Sortez de votre tête et entrez dans votre vie»), qui traite de la thérapie de l'acceptation et de l'engagement, Steven C. Hayes, Ph. D. (2005), soutient qu'à peu près tous les individus à un moment donné de leur vie subissent une douleur interne intense, sous une forme ou une autre. Cette souffrance, qui pourrait correspondre à une dépression, à de l'anxiété, à un abus de drogue ou à une aversion de soi accompagnée de pensées suicidaires, découlerait des batailles que nous menons contre nos pensées alors que nous tentons en vain de nous défaire de notre passé.

Retournons à notre exemple de l'enseignant (ou d'une autre personne) qui vous faisait vous sentir bête. Plusieurs années plus tard, vous pourriez éviter cette souffrance simplement en vous tenant éloigné de cet enseignant (et peut-être aussi de la matière, telles les mathématiques). Cependant, l'esprit préoccupé par la résolution de problèmes ne se contente pas d'une solution aussi simple. Il dirige plutôt une offensive en disant: «Et si après tout j'étais véritablement bête? Je déteste me sentir bête. Ça ne se peut pas que je sois bête. Avec assez d'efforts, je ne serai plus bête. Je dois cesser de penser que je suis bête. Si j'essaie réellement, je ne penserai plus que je suis bête.» C'est comme si un conflit armé faisait rage dans notre esprit, une guerre sans issue possible, car nous restons bloqués dans un combat avec le passé.

Hayes appelle ce processus la «fusion». Nous combattons les pensées négatives, que nous croyons vraies, pendant si longtemps que nous finissons par nous identifier à ces pensées. L'esprit préoccupé par la résolution de problèmes se débrouille habituellement assez bien pour résoudre les problèmes externes, comme un robinet qui fuit, mais plus nous tentons de nous départir des problèmes internes (en ruminant le passé, par exemple), plus nous fusionnons avec le passé. Nous ne pouvons plus nous défaire de l'événement passé. Et plus nous essayons de ne pas y penser, plus nous y pensons et plus nous ressentons la souffrance, plus même nous devenons cette souffrance.

Vous pouvez le vérifier. D'abord, pensez sérieusement à un éléphant blanc pendant quelques instants. Maintenant, refoulez l'image et essayez de ne plus penser du tout à l'éléphant blanc. Comptez le nombre de fois où vous pensez véritablement à l'éléphant blanc. Bien entendu, en dépit de vos efforts pour vous défaire de cette idée, vous penserez souvent à l'éléphant blanc.

De la même manière, nous pourrions essayer d'esquiver la douleur par la fuite (en consommant des drogues, en magasinant, en écoutant la télé, en travaillant et ainsi de suite). Cela fonctionne seulement un certain temps, puis la douleur revient avec encore plus d'intensité. Plus nous essayons d'endormir la douleur en nous coupant de nos émotions, plus nous perdons notre capacité d'avoir du plaisir et de nous investir dans la vie. Alors une approche nouvelle, appelée «défusion», peut s'avérer utile.

L'objectif de la défusion consiste à affronter nos histoires émotionnelles sans faire preuve d'attachement ou d'aversion, mais avec une acceptation toute entière, de la compassion et de la sérénité. L'acceptation entière n'équivaut pas à se dire «Bon, je vais accomplir cet exercice rapidement de manière à me débarrasser de ma souffrance», non, elle consiste plutôt à choisir de laisser la douleur venir en nous complètement et entièrement, avec une attitude bienveillante, accueillante et détachée. Ensuite, nous pouvons nous engager à vivre notre vie pleinement, en emportant avec nous toute souffrance résiduelle avec une entière acceptation. Il nous arrivera encore d'avoir ces pensées, mais nous les contemplerons de loin, avec bienveillance, sans nous laisser enjôler par elles. C'est comme si le conflit continuait de faire rage, mais que nous nous étions éloignés du champ de bataille pour observer les hostilités de loin, avec détachement. Hayes (2005) propose les stratégies de défusion suivantes:

Exercice: Découvrez la source de la douleur

1. Énumérez quelques situations douloureuses de votre passé qui ont pu blesser votre estime de soi d'une façon quelconque. Peut-être vous êtes-vous senti embarrassé, rejeté, humilié, non respecté, abusé ou ridiculisé. Peut-être avez-vous pris une mauvaise décision ou perdu votre sang-froid. Lorsque vous pensez à ces situations, vous éprouvez sans doute également, en plus des pensées désagréables qu'elles évoquent, des sentiments, des souvenirs, des images ou des sensations physiques douloureux. Prenez simplement note de ces réactions.

2. Ensuite, écrivez depuis combien de temps chacune de ses situations vous préoccupe.

3. Enfin, au lieu d'essayer de vous défaire de ces problèmes, accueillez-les simplement dans votre conscience avec une attitude aimable et ouverte. Vous pouvez vous dire: «Ce ne sont que des souvenirs.»

Exercice: Lait, lait, lait

1. Pendant quelques instants, représentez-vous l'idée du lait dans votre esprit, dans tous ses aspects: son apparence, sa texture et son goût. Vous pourriez ressentir quelque chose de froid, blanc et crémeux.

2. Maintenant, dites le mot «lait» à voix haute et répétez-le aussi souvent que vous le pouvez en l'espace de quarante-cinq secondes. Observez ce qui se passe. Souvent, les gens remarquent que la sensation éprouvée change.

La signification se détache du mot, et le mot n'est plus qu'un son.

3. Maintenant, parmi l'une des situations douloureuses énumérées auparavant, choisissez une pensée négative ressentie. Par exemple, « critique à l'égard de moi-même et dur ». Résumez cette pensée en un seul mot tel « mauvais », « perdant », « idiot » ou « immature ».

4. Évaluez l'aspect émotionnel de ce mot sur une échelle de 1 à 10. Puis évaluez à quel point ce mot est crédible.

5. Accueillez ce mot et les autres souvenirs qu'il évoque dans votre conscience avec une acceptation complète et bienveillante.

6. Répétez le mot à voix haute aussi souvent que vous le pouvez pendant quarante-cinq secondes.

Maintenant, évaluez de nouveau l'aspect émotionnel de ce mot. Le niveau de perturbation associé à ce mot a-t-il diminué ? Peut-être que le mot a perdu une partie de son impact émotionnel et qu'il n'est plus désormais qu'un simple mot.

Exercice : Tenez un journal

De nombreuses études confirment les bénéfices que l'on retire en consignant, de quinze à trente minutes par jour, des situations douloureuses dans un journal. Décrivez-y les circonstances d'un événement difficile du passé, plus particulièrement si vous n'avez jamais révélé cette situation à quiconque. Par exemple, vous pouvez écrire : « Maman a hurlé après moi après que j'eus brisé l'assiette. » Consignez ensuite les pensées associées ainsi que les sentiments qui en découlent, tels que: «Il me semble injuste qu'elle m'ait jugée. Je ne peux pas le supporter. Je me sentais si triste et bête. Je me sentais coupable de l'avoir déçue. Je me suis réellement sentie maladroite et confuse. C'est là que j'ai commencé à ressentir que je ne suis bonne à rien quand je commets des erreurs.» Après avoir tenu ce type de journal pendant seulement quelques jours, les gens constatent habituellement une amélioration de leur humeur. Ils acquièrent un sentiment de détachement et d'objectivité, et la conscience de comprendre encore mieux les événements désagréables.

Exercice: Emportez-le avec vous

Écrivez tous les «trucs» qui se passent dans votre tête. Vous pourriez dessiner une grosse tête, puis noter toutes les pensées et les sentiments négatifs que vous portez en vous. Sinon, résumez par écrit ce que vous ont révélé les deux exercices précédents. Emportez ce récapitulatif dans une poche ou un sac pour une journée, en guise de rappel symbolique que vous êtes capable de supporter les souvenirs et de continuer à mener votre vie.

4

Chapitre

Prendre conscience de ses forces

Les gens qui jouissent d'une bonne estime de soi ne sont pas nécessairement plus brillants, plus attrayants ou plus habiles que ceux qui en manquent. En réalité, la différence se situe dans la manière dont nous nous percevons. S'attarder sur nos aspects négatifs nous empêche d'apprécier notre valeur intrinsèque ainsi que tout ce qui est bien à propos de nous à l'instant présent. Se dire «Je ne peux pas m'aimer en ayant ce défaut-ci ou ce défaut-là» bloque l'acceptation de soi puisque cela équivaut à rendre notre valeur conditionnelle à l'élimination de tous nos défauts. Il y aura toujours un temps pour arrondir les angles, en quelque sorte, et grandir, mais pour l'instant, concentrons-nous sur une aptitude plus importante: dresser l'inventaire de nos forces de manière à percevoir notre valeur intrinsèque de façon plus juste.

Ce chapitre vous aidera à établir cet inventaire en douceur. Les savoir-faire dont nous traiterons ne constituent pas des exercices de pensée positive. Ce sont plutôt des façons d'essayer de voir clairement et honnêtement ce qui se trouve déjà en nous. Souvenez-vous de notre principe de base: chaque individu possède déjà, à l'état embryonnaire, toutes les caractéristiques requises pour mener une vie bien. Les façons uniques dont nous exprimons ces qualités ne déterminent pas notre valeur, elles nous rappellent notre valeur.

Parlons de créativité. La créativité est une force magnifique qui nous aide à inventer des appareils pratiques, à embellir notre environnement et à survivre dans un monde en constante évolution. Je demande souvent à mes étudiants de m'indiquer, en levant la main, s'ils sont créatifs. Habituellement, seules quelques mains se lèvent, car dans leur esprit, la définition de la créativité se limite uniquement à l'expression d'un talent artistique; ils se disent, d'une manière tout-ou-rien: «Eh bien, je ne possède pas de talent artistique, alors je ne dois pas être créatif.» Je préférerais que chaque étudiant lève la main. Pourquoi? Parce que la créativité peut s'exprimer de diverses façons. Certaines personnes peignent des tableaux et quelques-unes sculptent. D'autres expriment leur créativité dans leur façon de faire le ménage, de cuisiner, de se vêtir, de marchander, de se divertir, de venir en aide aux autres, d'amuser les enfants, de raconter des histoires, de se sortir d'un pétrin, de résoudre des problèmes, d'organiser et ainsi de suite. La créativité est monnaie courante, mais elle peut s'exprimer de bien des façons, et il faut déployer certains efforts pour développer ses aspects latents.

Exercice: Au sujet de votre valeur intrinsèque

Imaginez un cristal représentant votre valeur intrinsèque dont chaque facette représente un trait de personnalité ou une caractéristique valorisée que tout le monde possède au cours des différentes étapes de son développement. Voici une liste de ces caractéristiques:

Créativité

Souplesse (s'adapter aux nouvelles circonstances, pouvoir laisser tomber un plan d'action inefficace)

Sagesse (discernement, bon jugement)

Bonne humeur, enjoué, taquin à ses heures

Moralité (sens de l'éthique, intégrité, honnêteté, sens de la justice)

Bonté, compassion

Générosité

Respect envers soi-même

Respect et considération envers les autres

Patience

Acceptation de soi

Ouverture, curiosité, conscience de soi et des autres

Confiance en soi

Détermination

Discipline

Courage

Humilité

Gratitude

Optimisme

Autres : ______________________________

Sur une feuille, inscrivez les caractéristiques énumérées ci-dessus du côté gauche. À côté de chacune d'elles, tracez une échelle semblable à celle-ci :

Totalement absente	**Entièrement développée**

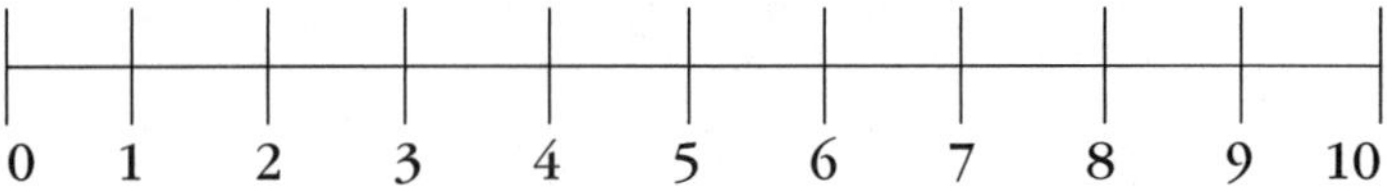

Ensuite, évaluez chacune des caractéristiques sur une échelle de 0 à 10, 10 signifiant que la caractéristique est parfaitement développée chez vous et 0, qu'elle ne l'est pas du tout. Essayez de prêter simplement attention à l'état de développement de chaque caractéristique chez vous sans formuler de jugements ou de comparaisons négatives. Ce n'est pas un concours contre d'autres individus, car tout individu a une valeur, qui s'exprime de différentes façons et qui a atteint un certain développement. Alors essayez d'être honnête, sans sous-estimer ni surestimer vos évaluations.

Analyse

Lorsque vous aurez terminé, regardez l'ensemble des résultats. Si vous avez les deux pieds sur terre, vous ne verrez pas de 0 ou de 10, car vous n'êtes ni parfait ni totalement dépourvu de qualités. En ce sens, nous sommes tous dans le même bateau. Chaque individu ressemble à un tableau en cours d'exécution, mais rendu à différentes étapes. Le portrait de chaque individu est composé d'un agencement unique de couleurs. La lumière éclaire chaque tableau de manière différente, rehaussant un mélange différent de forces pour chacun d'entre eux. Ainsi, bien que chaque personne possède une valeur infinie, chacune exprime celle-ci d'une multitude infinie de façons. Vous pourriez prendre quelques instants pour consigner dans un journal les pensées et les émotions que vous ressentez à la suite de cet exercice. Votre portrait est unique. Quels aspects en appréciez-vous le plus, lesquels trouvez-vous les plus gratifiants?

Exercice : Préparation à un entraînement cognitif

Le prochain exercice s'est avéré très efficace et populaire auprès des individus que j'ai côtoyés au travail. Il a été mis au point par trois chercheurs canadiens (Gauthier,

Pellerin et Renaud, 1983), qui ont découvert qu'il améliorait en l'espace de seulement quelques semaines l'estime de soi chez les sujets adultes.

En guise de préparation, cochez tous les traits de caractère, parmi ceux énumérés ci-dessous, qui représentent le mieux ce que vous êtes ou ce que vous avez déjà été dans une certaine mesure :

- ❑ Aimable
- ❑ Logique, raisonnable
- ❑ Calme, posé
- ❑ Réceptif à la beauté, à la nature
- ❑ Flexible ou polyvalent
- ❑ Vaillant
- ❑ Sens de l'éthique ou des principes
- ❑ Coopératif
- ❑ Expressif, au discours bien articulé
- ❑ Sensible, attentionné, poli, faisant preuve de tact
- ❑ Enjoué, aimant s'amuser
- ❑ Énergique, enthousiaste, passionné
- ❑ Organisé, ordonné, soigné
- ❑ Optimiste
- ❑ Plein d'humour, joyeux, amusant
- ❑ Doux
- ❑ Engagé
- ❑ Ponctuel
- ❑ Loyal, fiable, responsable
- ❑ Généreux
- ❑ Digne de confiance
- ❑ Audacieux
- ❑ Qui fait confiance, qui est capable de voir le meilleur chez les autres
- ❑ Concentré, discipliné
- ❑ Spontané
- ❑ Perspicace

- ❑ Protecteur
- ❑ Affectueux
- ❑ Compréhensif, bon
- ❑ Fort, puissant, énergique, persuasif
- ❑ Conciliant
- ❑ Résolu, déterminé, persévérant
- ❑ Digne, élégant
- ❑ Patient
- ❑ Ouvert d'esprit
- ❑ Confiant en soi, plein d'aplomb
- ❑ Imaginatif
- ❑ Qui fait confiance à ses instincts, intuitif
- ❑ Consciencieux
- ❑ Qui pardonne, qui est capable de voir au-delà des défauts et de relâcher son amertume

La liste précédente était constituée de traits de caractère. La liste suivante énumère différents rôles que nous devons parfois assumer.

Cochez si vous êtes parfois raisonnablement bon dans l'un ou plusieurs des rôles suivants :

- ❑ Bonne oreille
- ❑ Mondain
- ❑ Aidant
- ❑ Solliciteur, représentant
- ❑ Preneur de décisions
- ❑ Motivateur, partisan
- ❑ Cuisinier
- ❑ Modèle pour les autres
- ❑ Nettoyeur
- ❑ Planificateur
- ❑ Travailleur
- ❑ Collègue
- ❑ Ami
- ❑ Musicien, chanteur
- ❑ Encaisseur de critiques
- ❑ Bricoleur

- ❑ Preneur de risques
- ❑ Apprenti
- ❑ Amateur de passe-temps
- ❑ Leader, entraîneur
- ❑ Redresseur d'erreurs
- ❑ Suiveur
- ❑ Boute-en-train
- ❑ Organisateur
- ❑ Débatteur
- ❑ Solutionneur de problèmes
- ❑ Administrateur
- ❑ Médiateur
- ❑ Pédagogue
- ❑ Raconteur d'histoires
- ❑ Décorateur, concepteur
- ❑ Membre de famille
- ❑ Chauffeur
- ❑ Communicateur
- ❑ Rédacteur de lettre
- ❑ Frère ou sœur
- ❑ Conseiller
- ❑ Parent
- ❑ Penseur
- ❑ Athlète

Vous remarquerez que lorsque nous nous enlevons l'obligation d'atteindre la perfection, nous pouvons mieux apprécier nos qualités et les nombreuses choses que nous sommes capables d'accomplir. Vous êtes maintenant prêts à faire l'exercice d'entraînement cognitif qui suit.

Exercice : Entraînement cognitif

1. Sur une feuille (ou sur des fiches que vous pouvez glisser dans une poche ou dans un sac à main), rédigez une liste composée de dix affirmations positives qui vous concernent et qui sont signifiantes et vraies. Les affirmations peuvent provenir des listes fournies aux pages précédentes ou vous pouvez formuler vos propres affirmations. Vous pouvez écrire par exemple : « Dans ma famille, je suis un membre fidèle et d'un grand soutien », « Je suis discipliné » ou « J'écoute attentivement les autres. » Si vous mentionnez un rôle que vous jouez particulièrement bien, essayez d'ajouter certaines caractéristiques personnelles qui expliquent pourquoi vous réussissez bien dans ce rôle. Par exemple, si vous dites que vous êtes un administrateur efficace, vous pourriez ajouter que vous planifiez avec minutie et que vous traitez les gens de manière équitable. Les rôles peuvent changer (vous pourriez prendre votre retraite ou être congédié, par exemple), mais vous pouvez exprimer vos traits de caractère et de personnalité dans plusieurs rôles différents.

2. Trouvez un endroit où vous pourrez vous détendre sans être dérangé pour une période d'environ vingt minutes. Réfléchissez à l'une des affirmations et à ses fondements pendant une ou deux minutes. Par exemple, si vous avez inscrit à l'étape 1 que vous êtes un administrateur équitable, réfléchissez à propos d'une décision que vous avez prise récemment où les gens ont été traités de manière juste. Répétez cet exercice pour chacune des affirmations.

3. Faites cet exercice chaque jour pendant dix jours. Tous les jours, ajoutez une affirmation à votre liste, puis, de nouveau, réfléchissez au bien-fondé de ces affirmations.

4. Au cours de ces dix jours, et plusieurs fois par jour, choisissez un élément dans la liste, puis méditez environ deux minutes sur le bien-fondé de ces affirmations.

L'entraînement cognitif aide à neutraliser les distorsions qui ne font que se concentrer sur le négatif et à les remplacer par des pensées et des sentiments d'appréciation. Un jour, dans un instant de lucidité, Walt Whitman a écrit: «Je suis plus grand et meilleur que je ne le croyais. Je ne pensais pas détenir autant de bonté en moi.» (Warner, 2004, 142) Ceux qui ont essayé cet exercice ont tenu des propos semblables, dont ceux-ci:

- «Étonnamment, je me sentais calme et plus en harmonie avec moi-même.»
- «J'étais heureux de constater toutes les choses qui jouaient en ma faveur. Ça m'a ouvert les yeux.»
- «Je ressens un sentiment d'affranchissement.»
- «J'ai ressenti un sentiment de négativité se dissiper.»

Exercice: La bonté en vous

Sharon Salzberg (2004) suggère une méthode encore plus simple pour arriver au même résultat. Pendant quinze minutes, rappelez-vous des actions bienveillantes que vous avez déjà accomplies, des moments où vous avez été généreux ou attentionné, ou des occasions où vous avez remonté le moral d'une autre personne d'une quelconque manière, aussi modeste fût-elle. Ensuite, vous poursuivez en consignant vos souvenirs dans un journal pour ainsi disposer d'un rappel concret de la bonté qui existe en vous.

5

Chapitre

Les méditations conscientes

L'amour est essentiel pour la santé mentale et l'estime de soi, et le manque d'amour semble contribuer à l'anxiété et à une mauvaise estime de soi. Les jeunes singes qui ne créent pas de lien affectif avec leur mère deviennent très anxieux. Chez les humains, les enfants qui créent des liens amoureux avec leurs parents ont tendance à manifester les bénéfices de l'estime de soi, et chez les adultes, il existe un rapport étroit entre l'anxiété et la mauvaise estime de soi (Brown, Schiraldi et Wrobleski, 2003). Dans ce chapitre, nous traiterons des aptitudes qui nous aident à dispenser l'amour réparateur dont nous avons peut-être été privés au cours de notre développement. Nous commencerons par explorer certaines démarches de méditation pleine conscience, puis nous présenterons des savoir-faire qui s'y rattachent et qui sont utiles au cours de ce processus.

La pleine conscience

Dans un certain sens, la méditation pleine conscience représente l'appréciation de notre véritable nature heureuse et aimante – le moi intrinsèque, considéré par les Tibétains comme l'esprit de sagesse (voir le chapitre 2).

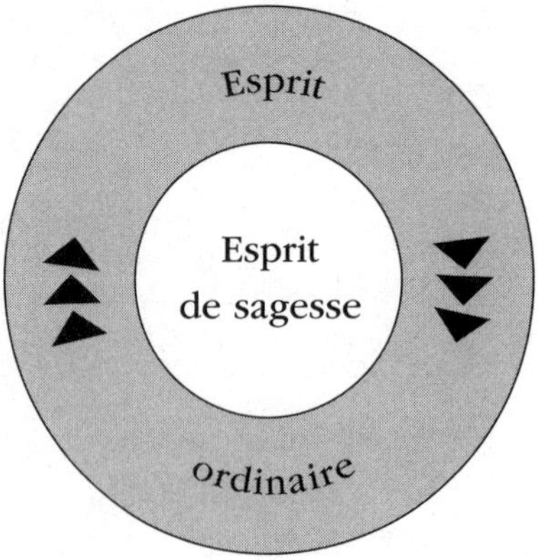

Figure 5

Les conflits qui déclenchent la plupart de nos souffrances font rage à l'intérieur de l'esprit ordinaire, là où nous accordons trop d'importance aux pensées négatives furtives et aux émotions douloureuses, en nous tenant trop en retrait de notre centre intérieur paisible et bienveillant. L'instant présent devient contaminé quand nous nous laissons piéger et épuiser par ces pensées, les sentiments tourbillonnants envahissant l'intérieur de notre esprit ordinaire. L'esprit ordinaire s'inquiète, planifie, est obsédé, se souvient, regrette, évalue, exige, critique, juge, proteste, dramatise, s'en veut, questionne et se dépêche inlassablement. On dirait que nous vivons dans nos têtes en laissant la vie nous passer sous les yeux. Et plus nous luttons et protestons contre ce que nous ressentons, plus cela nous rend agités et plus nous souffrons.

Il existe trois réactions possibles aux circonstances émotionnelles. Nous pouvons nous battre, nous enfuir ou consentir. Lorsque nous combattons, nous nous contractons, et cette contraction elle-même tend à augmenter notre agitation et notre douleur. La thérapie cognitive (TC, voir le chapitre 3) se concentre sur le remplacement des pensées négatives par des pensées plus respectueuses et réalistes, nous permettant ainsi d'être plus bienveillants envers nous-mêmes. Nous en prenons conscience d'une manière plutôt active et énergique. La TC constitue une sorte de bataille, mais une bataille utile, dont le langage intrinsèque nous exhorte à frapper en retour ou à nous battre contre les distorsions de la pensée. Une autre option consiste à nous enfuir en évitant le conflit, en nous calmant avec des drogues, en faisant de la dissociation, en espérant que les problèmes finiront par s'en aller ou en nous demandant pourquoi cela nous arrive. À long terme, aucune de ces approches n'est efficace. La pleine conscience préconise l'approche du consentement, qui est un complément de la TC. Consentir, ou accepter, signifie que nous cessons de nous battre avec nos défis et que nous les considérons simplement avec une conscience bienveillante. En cessant de nous battre et d'essayer de résoudre des problèmes, nous acquérons une nouvelle perspective, une paix intérieure et la confiance de pouvoir faire face à la vie, ainsi qu'une libération de notre attachement aux pensées et aux sentiments négatifs.

Les méditations conscientes nous aident à franchir la frontière des pensées de l'esprit ordinaire, qui comprennent les pensées d'aversion envers soi-même. Ce faisant, nous apprécions notre moi intrinsèque – notre état de bien-être naturel, ou esprit de sagesse –, caractérisé, à l'état naturel, par la compassion, l'amour envers soi-même et envers les autres, l'ouverture, la dignité, l'humilité, la clarté, la simplicité, la paix et la plénitude. À partir de la perspective claire et vaste de l'esprit de sagesse, nous percevons les pensées simplement comme des choses qui vont et viennent, et non pas comme une représentation de ce que nous sommes réellement de manière intrinsèque.

Comme l'enseignait l'un de mes maîtres en méditation, nous n'avons pas besoin de nous battre contre la peur, nous avons simplement besoin de prendre conscience de l'amour. Nous n'avons pas besoin d'engendrer de l'amour, nous avons simplement besoin d'être conscients de ce qui existe déjà à l'intérieur de celui-ci. Dans la pleine conscience, nous n'avons pas besoin d'affronter les pensées de l'esprit ordinaire. Nous les accueillons plutôt chaleureusement, en les considérant avec l'amour-bonté et l'acceptation de l'esprit de sagesse. Quand on prend conscience de l'esprit de sagesse, c'est comme si la lumière émanant de celui-ci traversait l'esprit ordinaire pour venir se joindre à la lumière de la vérité, située juste au-delà. L'illumination de l'esprit de sagesse pénètre, adoucit ou dissout l'intensité de nos pensées et de nos sentiments négatifs. Au lieu de combattre le négatif, nous acquérons plus d'expérience avec les émotions positives, ce qui amène les négatives à diminuer.

Que se passe-t-il lorsque nous acceptons simplement ce qui est, sans nous battre ou nous enfuir? D'après des recherches médicales effectuées en Occident, la méditation consciente réduit le stress ainsi que la souffrance mentale et physique. Il a également été démontré qu'elle améliore la qualité du sommeil et la santé physique, tout en augmentant la compassion envers soi-même et l'empathie envers les autres. Pratiquer la pleine conscience nous met en contact avec notre moi intrinsèque aimant, celui que nous sommes véritablement, en nous aidant à rétablir un sentiment de plénitude en nous et en nous permettant de ressentir nos forces intérieures avec amour et lucidité. En sachant que nous pouvons aller au-delà des pensées négatives et ne pas nous laisser contrôler par celles-ci, nous acquérons un sentiment de confiance. La pleine conscience nous rappelle que nous sommes des êtres plus profonds que tout sentiment d'aversion éprouvé à la surface.

La pleine conscience nous fournit également un moyen de prendre soin de nous en acceptant et en apaisant nos émotions douloureuses, augmentant ainsi notre niveau de confiance en soi. Après tout, les sentiments font partie de ce qui nous distingue. Si nous essayons de juger nos émotions et de nous en défaire, nous supprimons une partie importante de ce que nous sommes. Si nous sommes plus à l'aise avec nos émotions, nous pouvons plus facilement garder notre calme et entrer davantage en contact avec des situations émotionnelles. Ensuite, nous réagissons d'une manière plus appropriée aux crises et prenons de meilleures décisions, sans réagir émotionnellement de façon excessive. Les gens disent souvent que la pleine conscience leur permet de se sentir plus à l'aise dans leur peau.

Il est important de se rappeler que la pleine conscience n'essaie pas de remédier aux situations sur-le-champ, mais qu'elle change véritablement notre façon d'entrer en contact avec les pensées et les sentiments émotionnels ou d'y réagir. Nous les laissons simplement être ; nous ne réagissons pas par le biais d'émotions négatives intenses, de tension, en nous braquant, en jugeant, avec impulsivité ou autrement. Quand nous pratiquons la pleine conscience, nous observons simplement avec calme et amour-bonté, en considérant nos pensées et nos sentiments avec le point de vue détaché de l'esprit de sagesse. Plus tard, nous déciderons peut-être d'essayer de changer une situation à partir de la position favorable de la pleine attention. Lorsque nous nous ouvrons de cette façon, nous devenons plus ouverts à l'ensemble des sentiments (tous les sentiments sont considérés comme utiles et traités de la même façon), aux signaux que nous envoie notre corps (telles la fatigue, la douleur ou la véritable faim, par opposition à la faim émotionnelle), à nos forces et à nos capacités internes, aux possibilités qui s'offrent à nous lorsque nous avons une décision à prendre, et à la beauté de la vie. Lorsque nous nous éloignons des conflits qui font rage dans notre esprit ordinaire, nous avons tendance à nous sentir moins épuisés.

Ainsi, avec la pleine conscience, nous prêtons simplement attention à chaque instant avec calme, plénitude et bienveillance sans essayer de changer quoi que ce soit à cet instant précis. Et sans jugement, car juger crée de l'agitation mentale et physique. (Se dire «Je ne suis pas capable de méditer» ou «Je ne pense pas que cela donne des résultats» constituent des jugements.) Lorsque nous pratiquons la pleine conscience, nous adoptons plutôt une attitude accueillante et sincère. Au lieu de réagir de manière émotionnelle, nous réagissons toujours avec amour-bonté.

La séquence de diminution du stress fondée sur la pleine conscience

Jon Kabat-Zinn (1990, 2005) est reconnu pour avoir introduit la diminution du stress fondée sur la pleine conscience (*mindfulness-based stress reduction*, ou MBSR) dans les milieux médicaux occidentaux à la fin des années 1970. Nous examinerons ici une version simplifiée du programme d'une durée de huit semaines qu'il a mis au point. Chacune des formes de méditation suivantes s'édifie sur les acquis de la précédente. Il est donc important d'exécuter chaque séance de méditation consciente dans l'ordre. Kabat-Zinn souligne l'importance de vous y mettre même quand cela ne vous tente pas. Pourquoi? À force d'entraînement, vous finirez par pouvoir assimiler toute pensée, souvenir ou sensation corporelle émotionnelle ainsi que toute émotion douloureuse avec autant de sérénité que celle que vous pourriez manifester en mangeant un raisin, ce qui constitue d'ailleurs le point de départ de la MBSR.

Exercice : Les raisins

Le but de cet exercice est de manger deux raisins avec une pleine conscience et une pleine attention pendant une période de dix à quinze minutes.

1. En faisant preuve d'une attitude enjouée et empreinte de curiosité, tenez doucement deux raisins dans la paume de votre main.

2. Prenez-en un, puis prêtez attention à tous les détails du raisin : ses extrémités, sa queue, sa translucidité, sa couleur et son arôme. Pendant que vous touchez à la surface du raisin, prêtez attention à la sensation sur vos doigts. Faites rouler le raisin entre vos doigts à proximité de vos oreilles et prêtez attention au son produit.

3. Prêtez attention à votre corps pendant que vous tenez le raisin, en prenant conscience de la tension au moment où vous approchez celui-ci lentement de votre bouche. Ressentez le frottement de l'air contre votre peau tandis que votre main se déplace lentement, de la même manière que vous ressentiriez l'eau sur la peau de votre main dans une baignoire. Remarquez si votre corps vous signale qu'il a faim ou non. Prêtez attention à toutes les sensations qui traversent votre main et votre bras.

4. Juste avant de mettre le raisin dans votre bouche, vous vous entendrez peut-être dire certaines choses comme « J'aime (ou Je n'aime pas) les raisins. Maman avait l'habitude de nous en offrir comme collation. J'aimerais déjeuner. Je n'ai vraiment pas le temps de faire ceci. Ce raisin contient sans doute un grand nombre de calories. Quel lien cela a-t-il avec l'estime de soi ? » Tout cela est bien. Chaque fois que de telles pensées surviennent, accueillez-les chaleureusement (réfléchir constitue la fonction principale de l'esprit ordinaire) et détournez simplement votre attention sur la consommation du raisin.

5. Remarquez de quelle façon votre bouche accepte le raisin. Laissez le raisin reposer sur votre langue et ressentez simplement sa présence à cet endroit ; avant de le manger, prêtez attention à cette sensation. Après un certain temps, placez-le sur différentes régions de votre langue. Remarquez si vous en venez à saliver et à goûter le raisin, ou non.

6. Croquez-en une partie et prêtez attention à la saveur. Vous remarquerez peut-être un éclat de saveur qui vous semble plus intense que celui ressenti lorsque vous mangez des raisins en ne pensant à rien.

7. Mastiquez lentement en prêtant attention à cette sensation en particulier, puis prenez conscience de votre intention d'avaler. Tandis que vous avalez, suivez le parcours du raisin jusqu'à votre estomac. Prêtez attention à l'arrière-goût et aux sensations de votre corps.

8. Lorsque vous aurez terminé, refaites le même exercice avec le second raisin, tout en étant pleinement et sereinement présent pendant toute la durée de l'expérience.

La plupart des principes de la pleine conscience se trouvent dans cet exercice : être sereinement présent pour vivre chaque instant d'une expérience sans juger ou réagir de manière émotionnelle ; prendre conscience de l'esprit qui vagabonde et le ramener doucement au moment présent sans le juger ; avoir l'esprit du novice (même si vous pourriez croire que tous les raisins se ressemblent, manger le deuxième raisin ne constitue pas une expérience identique à celle du premier) ; et constater à quel point nous laissons la vie filer devant nos yeux lorsque nous ne sommes pas pleinement conscients. Plusieurs se rendent compte que l'expérience de manger un raisin est plus intense quand l'esprit est concentré sur l'instant présent et remarquent véritablement des saveurs qu'ils ne goûtent pas lorsqu'ils sont pressés. Certains affirment qu'ils mangeraient probablement moins s'ils étaient pleinement conscients, car ils apprécieraient davantage chaque bouchée et remarqueraient à quel moment les signaux de la faim cesseraient.

Exercice : La respiration consciente

Cette forme de méditation est très efficace, car elle nous apprend à nous sentir plus en paix à l'intérieur de notre corps et à nous rendre au-delà des pensées furtives qui tourbillonnent à l'intérieur de nos têtes. Cet exercice requiert de dix à quinze minutes. Pratiquez-le une fois par jour durant une semaine.

1. Assoyez-vous confortablement en adoptant la position de méditation : vos pieds sont à plat sur le sol, vos mains reposent confortablement sur vos genoux sans être jointes, les paumes tournées vers le haut ou vers le bas. Votre dos se tient confortablement droit. Imaginez que votre colonne est alignée à la manière d'une colonne de pièces d'or empilées les unes sur les autres. Votre tête ne penche pas vers l'avant ni vers l'arrière ; votre menton n'est pas relevé ni descendu. Votre torse se maintient avec une dignité gracieuse, telle une montagne majestueuse.

En dépit des nuages qui l'entourent ou des tempêtes qui s'abattent sur elle de l'extérieur, la montagne est éternelle et immuable.

2. Laissez vos yeux se refermer. Relâchez la tension dans vos épaules, votre cou et votre mâchoire. Laissez votre ventre se ramollir et se détendre. Permettez à votre corps de se détendre et de se reposer. Commencez à vous laisser lentement accéder à votre esprit de sagesse.

3. Réfléchissez aux attitudes de la pleine conscience pendant un instant – l'acceptation, l'amour-bonté, le non-jugement, la patience, le non-attachement, l'esprit du novice, la bonne humeur, l'engagement, l'immensité et la générosité. L'objectif de cette méditation ne consiste pas à faire des efforts pour arriver à un résultat en particulier. Prêtez simplement attention à ce qui se passe.

4. Laissez la conscience se rendre jusqu'à votre respiration en respirant par le ventre (laissez le haut de votre corps se détendre et rester immobile ; le seul mouvement est celui de votre ventre qui se soulève quand vous inspirez et qui descend quand vous expirez). Prêtez attention à votre respiration, comme si vous observiez le flot des vagues onduler sur une plage. Au moment où le flot de votre respiration devient régulier, ressentez les parties de votre corps qui bougent. Vous ressentirez peut-être le soulèvement et l'étirement de votre ventre pendant les inspirations. Vous remarquerez peut-être votre souffle se déplacer à travers vos narines et votre gorge avant de pénétrer dans vos poumons, puis en ressortir. Peut-être aurez-vous remarqué aussi les battements de votre cœur, légèrement plus rapides à l'inspiration et légèrement plus lents à l'expiration. Chaque respiration étant différente, prêtez une attention particulière à l'ensemble du mouvement respiratoire avec l'esprit du novice.

5. Lorsque vous respirez, des pensées surgissent puis s'en vont. Puisque les combattre ne ferait qu'accroître la tension, prêtez simplement attention à votre esprit qui vagabonde et chaque fois que vous remarquez qu'il s'égare, amenez-le doucement à se concentrer de nouveau sur la respiration. L'objectif n'est pas de vous empêcher de penser. Il consiste plutôt à ressentir de la satisfaction chaque fois que vous remarquez que votre esprit vagabonde. Penser constitue la fonction principale de l'esprit ordinaire. Chaque fois que vous en prenez conscience, félicitez-vous, puis renvoyez votre conscience doucement, patiemment et avec bienveillance vers la respiration, sans vous juger. Considérez cet exercice comme un entraînement pour réagir à la vie avec amour-bonté.

6. Relâchez la tension, détendez-vous et reposez-vous au cœur de votre respiration. Prêtez une attention complète à chaque portion de l'inspiration et de l'expiration, et à chaque moment subtil et changeant. Dirigez votre esprit à l'intérieur de votre ventre, en ressentant l'effet que cela vous fait.

7. Maintenant, ressentez la respiration comme si c'était une vague qui emplissait votre corps en entier. Derrière votre respiration, remarquez une sérénité plus profonde, une paix à l'intérieur de vous.

8. Lorsque vous aurez terminé, prêtez attention à votre état. Puis laissez aller ce sentiment de la même manière que vous êtes capable de laisser la conscience de votre respiration venir et s'en aller.

Exercice : La scanographie corporelle

Nous éprouvons des émotions et des sensations physiques dans notre corps. Pourtant, nous essayons souvent de les gérer en passant par notre tête. Nous nous disons peut-être : «Ah non, je ne veux pas ressentir cette émotion. Pas une autre fois. Il faut que je cesse de la ressentir» ou «Cette douleur est atroce, je dois trouver un moyen de l'exterminer.» Plus nous combattons nos sentiments et nos sensations, plus nous souffrons. Nous sommes souvent passablement déconnectés de notre corps, car nous vivons à l'intérieur de nos têtes. Nous sommes davantage connectés à la télévision, aux ordinateurs ou aux téléphones cellulaires qu'avec notre corps. Nous sommes peut-être obsédés par l'image de notre corps que nous renvoie le miroir sans être en harmonie avec celui-ci, de la même manière que nous sommes capables de manger sans réellement goûter. Le type de méditation appelée scanographie corporelle nous prépare à faire face à un inconfort émotionnel et physique avec bienveillance et sérénité, sans essayer de le repousser, de nous enfuir ou de l'éviter en essayant de penser à autre chose. Cette méditation nous enseigne de simplement laisser venir en soi chaque sensation. Nous la regardons avec bienveillance et détachement, puis nous laissons notre conscience de la sensation se dissoudre. En ne faisant qu'observer nos sensations, nous remarquons qu'elles changent souvent ; elles viennent et puis s'en vont. Quand nous nous laissons pénétrer par cette sensation avec détente au lieu de nous contracter, notre réaction à cette sensation se transforme. Plusieurs individus constatent qu'ils se sentent plus stables lorsqu'ils sont centrés à l'intérieur de leur corps plutôt qu'à l'intérieur de leur tête, observant avec sérénité les allées et venues des sensations corporelles, et considérant tout ce qui survient avec une conscience sereine. L'idée derrière cette méditation n'est pas de penser à chaque région de votre corps, mais de situer votre niveau de conscience profondément à l'intérieur de celui-ci et de ressentir à partir de l'intérieur. Pratiquez cette forme de méditation quarante minutes par jour pendant au moins une semaine.

1. Allongez-vous sur le dos dans un endroit où vous ne risquez pas d'être dérangé. Fermez les yeux. Rappelez-vous particulièrement les attitudes d'amour-bonté, de patience, d'acceptation, de non-jugement, de lâcher-prise et de bonne humeur.

2. Respirez, puis laissez votre esprit se calmer; laissez votre esprit se reposer calmement à l'intérieur de votre corps.

3. Observez comment votre corps, dans son ensemble, se sent à ce moment précis, sans juger. Ressentez votre peau qui touche à la surface du tapis ou du lit. Prêtez attention à la température de l'air ambiant et à la manière dont vous la ressentez. Prenez conscience des sensations de votre corps – est-il à l'aise, ressent-il une certaine tension, de la douleur, des démangeaisons? Prêtez attention à l'intensité de ces sensations en observant si elles changent ou restent constantes.

4. Dans un instant, vous allez inspirer et expirer à partir d'une région de votre corps à plusieurs reprises, en accordant entièrement votre attention à toutes les sensations que vous éprouvez. Ce sera comme si votre esprit gisait dans cette région de votre corps. Ensuite, lorsque vous serez prêt, vous relâcherez votre conscience, en laissant la conscience de cette région se dissoudre tandis que vous relâchez simultanément la tension dans cette région. Ensuite, vous déplacerez votre conscience de manière similaire vers une autre région. Chaque fois que votre esprit se mettra à vagabonder, ramenez-le doucement à la région sur laquelle vous êtes en train de vous concentrer, sans juger. Commencez. Vous recevrez des consignes qui s'adresseront, dans un premier temps, à votre pied gauche. Puis nous progresserons de façon semblable vers les autres régions de votre corps.

5. Apportez une attention bienveillante et sincère aux orteils de votre pied gauche, en laissant votre esprit se poser à cet endroit. Imaginez que vous inspirez et que vous expirez à partir de vos orteils. Peut-être pourriez-vous imaginer le souffle de votre inspiration en train de s'écouler vers le bas à travers votre nez, vos poumons, votre ventre et vos jambes jusqu'à vos orteils, et puis votre expiration à partir de vos orteils, vers le haut de votre corps, et à travers votre nez. Laissez-vous ressentir toutes les sensations dans vos orteils, quelles qu'elles soient – la pression exercée par une chaussette, la température, la circulation du sang, les pulsations, la décontraction, la tension et ainsi de suite. Prêtez attention à tout changement survenant pendant que vous respirez. Si vous ne ressentez rien, ce n'est pas grave. Prêtez simplement attention à tout ce qu'il est possible de ressentir sans exprimer de commentaire ou de jugement. Lorsque vous êtes prêt à quitter cette région, prenez une respiration plus profonde et plus volontaire en suivant de nouveau la trajectoire de votre respiration jusqu'à vos orteils. En expirant, laissez la conscience de vos orteils se dissoudre, puis relâchez toute tension ou inconfort que votre corps se sent capable de relâcher à ce moment-ci, tandis que vous transférez votre conscience vers une autre région de votre corps (la plante de votre pied gauche). Laissez votre conscience s'attarder dans cette nouvelle région de la même manière pendant plusieurs respirations avant de poursuivre vers une autre région. Aussitôt que des pensées surgissent, dites-vous silencieusement : « Penser, penser. » Ramenez doucement votre conscience vers la région de votre corps sur laquelle vous êtes concentré, et à votre respiration. Abordez chaque région avec l'esprit du novice, comme si vous n'aviez jamais accordé d'attention à cette région auparavant. Observez tout ce que vous éprouvez sans vous contracter ou juger, mais avec une conscience bienveillante, douce et compatissante.

Répétez ce procédé pour chaque partie de votre corps, en vous référant à la liste qui suit :

Orteils du pied gauche

Plante du pied gauche

Talon gauche

Dessus du pied gauche

Cheville gauche

Tibia et mollet gauches

Genou gauche

Cuisse gauche

Côté gauche de l'aine

Hanche gauche

Orteils du pied droit

Plante du pied droit

Talon droit

Dessus du pied droit

Cheville droite

Tibia et mollet droits

Genou droit

Cuisse droite

Côté droit de l'aine

Hanche droite

Bassin, organes génitaux et fesses

Bas du dos

Haut du dos

Colonne vertébrale

Ventre

Poitrine

Côtes

Cœur

Poumons

Omoplates

Clavicules

Épaules

Doigts de la main gauche

Paume de la main gauche

Arrière de la main gauche

Poignet gauche

Avant-bras gauche

Coude gauche

Haut du bras gauche

Aisselle gauche

Doigts de la main droite

Paume de la main droite

Arrière de la main droite

Poignet droit

Avant-bras droit

Coude droit

Haut du bras droit

Aisselle droite

Cou et gorge (prêtez attention à l'écoulement de l'air)

Nez (prêtez attention à l'écoulement de l'air et aux odeurs sans juger)

Oreille gauche

Oreille droite

Yeux

Joues

Front

Tempes

Mâchoire et bouche

Visage

Dessus du crâne

Maintenant, prenez conscience de votre corps en entier, tout en respirant dans une immobilité sereine. Allez au-delà de vos pensées et ressentez la plénitude du corps. Prêtez attention à ce qui bouge ou à ce qui change. Respirez à partir de trous d'aération imaginaires situés sur le dessus de votre tête et sous vos pieds. Inspirez à travers votre tête, en suivant la trajectoire de la respiration vers le bas jusqu'à l'estomac, puis à l'expiration, suivez la respiration vers le bas jusqu'à vos jambes en sortant par les orteils. Ensuite, inspirez à travers vos pieds en suivant la trajectoire de l'inspiration jusqu'à l'estomac, puis expirez à travers la tête. Ressentez finalement votre corps entier en train de respirer comme des vagues ondulant à la surface de l'océan que vous observeriez à partir des profondeurs calmes et paisibles.

Exercice : La méditation par le sourire

Cette magnifique méditation nous rappelle que le bonheur se trouve déjà en nous, qu'il fait partie de notre véritable nature. Il est bon de pratiquer cette méditation au début de la journée autant que durant la journée. Allouez-vous de dix à quinze minutes pour l'exécuter.

1. Adoptez la position de méditation en vous assoyant confortablement droit, les pieds à plat sur le sol et vos mains reposant confortablement sur vos genoux. Votre colonne se tient droit comme une colonne de pièces d'or empilées. Le haut de votre corps est détendu, mais il se maintient droit avec une dignité gracieuse, telle une montagne majestueuse. Laissez vos yeux se refermer. Servez-vous de votre respiration pour vous aider à atteindre le réconfort paisible de votre esprit de sagesse.

2. Pensez aux aspects enjoués et plaisants de votre véritable nature heureuse, aussi appelée esprit de sagesse. Imaginez un instant ce que cela serait de sourire. Vous remarquerez peut-être que la simple idée d'un sourire semble évoquer des sentiments de contentement, de bonheur, de détente et de tendresse. Simplement penser à sourire vous détend et assouplit les traits de votre visage.

3. Maintenant, laissez s'esquisser un véritable demi-sourire sur votre visage – peut-être un simple pétillement qui amène vos yeux à briller, décontractant ainsi votre visage et votre mâchoire. Le sourire se répand sur votre visage, le pénétrant, l'apaisant et le réconfortant.

4. Imaginez que le sourire s'étend jusqu'à votre cou et votre gorge, tout en y répandant du bonheur. Ressentez simplement du bonheur dans cette région, en laissant votre esprit s'y attarder.

5. Maintenant, laissez le bonheur se répandre jusqu'à vos poumons ; ressentez le bien-être qu'il apporte à cette région. Peut-être qu'à cet endroit, le bonheur ressemble à une lumière qui réchauffe. Peu importe ce que vous ressentez, acceptez-le et laissez-le simplement être.

6. Maintenant, laissez ce sentiment de bonheur combler votre cœur en le réchauffant et en l'apaisant. Respirez et laissez votre esprit s'attarder à cet endroit. Laissez simplement le bonheur s'installer dans votre cœur.

7. Laissez le sentiment de bonheur suscité par ce sourire se répandre jusqu'à votre ventre et vers toute autre région de votre corps sur laquelle vous aimeriez vous concentrer. Ressentez simplement le bonheur pour chacune de ces régions du corps.

8. Considérez toutes les pensées qui surgissent avec une amitié bienveillante, puis revenez à l'appréciation du sourire et du bonheur à travers votre corps. Terminez en ressentant votre corps entier en train de respirer et réconforté par la sensation heureuse et apaisante d'un sourire.

Exercice : Laissez venir les émotions en vous

Les exercices de méditation que nous venons de vous proposer vous ont préparé pour la méthode suivante, qui s'avère extrêmement efficace pour calmer les émotions douloureuses et vous amener à prendre soin de vous. Cette forme de méditation nous enseigne à demeurer calmes et impassibles lorsqu'une émotion surgit, quelle qu'elle soit, bonne ou mauvaise.

Le maître tibétain Sogyal Rinpoche (1993) nous enseigne que le dragon, qui représente nos peurs et notre souffrance, protège aussi notre trésor le plus cher. Autrement dit, si nous arrivons à surmonter notre tendance à fuir nos peurs et notre souffrance, nous pouvons découvrir les vastes réserves de paix et de force présentes en nous. Chieko Okazaki (1993) raconte l'histoire d'un village japonais qui était terrorisé par un dragon que l'on n'avait jamais vu mais qui rugissait depuis sa grotte située dans les montagnes à proximité. Un jour, un petit garçon décida de s'approcher de la grotte et d'inviter le dragon à sa fête d'anniversaire. En dépit des puissants rugissements du dragon et de la fumée tourbillonnante, le petit garçon insista pour que le dragon accepte son invitation. Lorsqu'il fut enfin convaincu de la sincérité du garçon, le dragon éclata en sanglots. Ses larmes devinrent si abondantes qu'elles créèrent une rivière sur laquelle le dragon et le garçon purent flotter jusqu'à la maison de l'enfant. La conscience compatissante a le pouvoir de transformer les choses de façon merveilleuse.

En effet, l'esprit de sagesse est immense, aimant et conciliant – assez vaste et profond pour contenir toute émotion douloureuse. Nous pouvons ainsi nous ouvrir à tout ce qui existe et faire face aux émotions douloureuses avec un amour-bonté apaisant. Au lieu de nous battre contre nos pensées, nos souvenirs et nos sentiments, nous pouvons apprendre simplement à leur faire face en manifestant de la compassion envers soi. C'est comme si vous étiez assis avec un être aimé en proie à des difficultés, que vous l'écoutiez et que vous lui disiez: «Parle-m'en. C'est bien, peu importe de quoi il s'agit.» Nous écoutons sans juger jusqu'à ce que la souffrance s'estompe ou que la personne change sa réaction à la souffrance en se décontractant au lieu de se battre contre elle.

Cette forme de méditation nous apprend à observer nos émotions douloureuses du point de vue vaste et détaché de l'esprit de sagesse. La douleur est impersonnelle; nous ne nous y identifions pas («Une douleur existe» au lieu de «Je ressens de la douleur» ou «Je suis la douleur»). En nous rappelant que l'esprit ordinaire engendre énormément de souffrance quand nous résistons à la douleur («Pourquoi dois-je souffrir ainsi? C'est injuste. Je ne peux plus supporter cette douleur»), nous transformons notre réaction à la douleur en permettant à celle-ci de venir en nous. Cependant, au lieu de nous braquer et de nous crisper en combattant la douleur, nous entrons avec détente en elle, avec une pleine acceptation. Nous ne jugeons pas les émotions comme bonnes ou mauvaises, nous acceptons plutôt ces deux types d'émotions de manière impassible, en laissant l'amour pénétrer la douleur et la dissoudre. Il est recommandé de pratiquer cette forme de méditation durant une période de trente minutes ou plus tous les jours pendant au moins une semaine.

1. Adoptez la position de méditation en vous assoyant confortablement droit, les pieds à plat sur le sol et vos mains reposant confortablement sur vos genoux. Votre colonne se tient droit comme une colonne de pièces d'or empilées. Le haut de votre corps est détendu, mais il se maintient droit avec une dignité gracieuse, telle une montagne majestueuse. Laissez vos yeux se refermer. Servez-vous de votre respiration pour vous aider à atteindre le réconfort paisible de votre esprit de sagesse.

2. Rappelez-vous les attitudes clés que constituent l'acceptation, la compassion et le non-jugement. N'oubliez pas que vous êtes déjà un être entier. Utilisez l'esprit du novice pour explorer une nouvelle façon d'éprouver des sentiments.

3. Prenez conscience de votre respiration pendant plusieurs minutes. Laissez votre ventre se ramollir et se détendre, observez-le monter puis redescendre pendant que vous inspirez et expirez, en restant immobile, en paix, bien implanté, ancré et véritablement présent.

4. Prenez conscience de toute sensation dans votre corps, quelle qu'elle soit, à partir du moment où elle arrive jusqu'à ce qu'elle reparte, sans juger ou tenter de la changer.

5. Dès que vous constatez que votre esprit se met à vagabonder, félicitez-vous de l'avoir remarqué. Souvenez-vous que vous n'êtes pas constitué de vos pensées, puis ramenez doucement votre conscience vers votre respiration et la perception de votre corps.

6. Rappelez-vous une situation difficile impliquant peut-être le travail ou une relation, et les sentiments d'inaptitude, d'insuffisance, de tristesse ou d'appréhension s'y rattachant. Aménagez-vous un espace pour réfléchir à cette situation. Prêtez une attention complète à ces sentiments. Tout ce que vous ressentez est bien. Accueillez ces sentiments cordialement, comme vous le feriez pour un ami de longue date.

7. Prêtez attention à l'endroit de votre corps affecté par les sentiments (votre ventre, votre poitrine ou votre gorge, par exemple). Laissez-vous éprouver entièrement ces sentiments, avec une pleine acceptation. Ne pensez pas «Je vais me contracter et laisser entrer ces sentiments en moi pour une minute, et ainsi m'en débarrasser», cela ne constituerait pas une pleine acceptation. Aménagez plutôt un espace en vous pour permettre à ces sentiments d'être pleinement acceptés.

8. Inspirez vers cette région de votre corps avec beaucoup d'amour, comme si de l'air frais et la lumière du soleil pénétraient dans une pièce sombre ignorée depuis longtemps. Suivez la trajectoire de votre respiration vers le bas jusqu'à votre nez, votre gorge, vos poumons, puis enfin vers la partie de votre corps ressentant l'émotion (ou les émotions) douloureuse. Puis suivez la trajectoire de votre respiration vers l'extérieur de votre corps, jusqu'à ce que vous vous sentiez devenir plus calme. En faisant cela, vous pourriez penser à un sourire bienveillant, aimant et conciliant. N'essayez pas de changer ou de repousser l'inconfort. Ne vous braquez pas, ne combattez pas cet inconfort. Accueillez-le simplement, sans le juger, avec une véritable acceptation, une entière attention, avec amour-bonté et paix. Laissez votre corps se détendre et s'ouvrir autour de cette région. L'esprit de sagesse est suffisamment vaste pour considérer ces sentiments avec une grande compassion; l'amour est assez grand pour inclure, accueillir et pénétrer cet inconfort. Laissez votre respiration caresser et apaiser les sentiments, comme vous le feriez pour votre bébé adoré pendant qu'il dort.

9. Contemplez cet inconfort à partir de la perspective détachée de l'esprit de sagesse. C'est comme si vous observiez des vagues d'inconfort remonter jusqu'à la surface de l'océan pour se faire ensuite absorber de nouveau par le vaste océan. Les vagues viennent et s'en vont sans changer le caractère fondamental de l'océan. Si cela pouvait vous être utile, vous pourriez penser à des êtres chers qui évoquent l'amour-bonté pour vous et laisser cet amour-bonté pénétrer votre conscience pendant que vous vous remémorez cette situation difficile. Prêtez simplement attention à ce qui arrive aux sentiments, sans essayer de les changer.

10. Lorsque vous serez prêt, prenez une inspiration plus profonde dirigée vers cette région particulière de votre corps puis, en expirant, élargissez votre attention à votre corps en entier. Prêtez attention à la respiration de votre corps en entier en prenant conscience de la plénitude, de l'immensité et de l'infinitude de la compassion de l'esprit de sagesse, capable de contenir toute douleur qui survient et repart. Votre attention se répand maintenant aux sons que vous entendez, simplement pour les amener à votre conscience, sans juger ou émettre de commentaires. Écoutez simplement, avec un sourire en coin. Ressentez l'air toucher votre corps ; sentez votre corps entier respirer. Prêtez attention à tout ce dont vous prenez conscience avec un cœur ouvert et bienveillant.

11. Pour terminer, récitez-vous les intentions suivantes à mi-voix : « Que je me souvienne de l'amour-bonté. Que je sois heureux. Que je sois entier. »

Tant qu'un individu est un être humain… il se doit d'éprouver de l'amour envers lui-même.

— Le Dalaï Lama

La thérapie cognitive inspirée de la pleine conscience

La thérapie cognitive (TC) nous fournit une façon pratique d'entrer en relation avec le drame qui se joue dans l'esprit ordinaire: nous prenons d'abord conscience des distorsions de nos pensées automatiques, puis nous les remplaçons par des pensées plus constructives. Cela a pour effet d'atténuer la gravité des émotions affligeantes que vous éprouvons. Vous pouvez vous soulager davantage de ces émotions en prenant conscience de vos croyances intrinsèques erronées et en les remplaçant. Au chapitre 3, nous avons utilisé l'exemple d'échouer à un examen de promotion. Cette situation provoquait une variété de pensées négatives déraisonnables, qui à leur tour engendraient des sentiments de dépression et d'anxiété. L'une de ces pensées était: «Je vais échouer à la reprise d'examen. Ce sera affreux.» Remplacer de telles pensées par des pensées plus rationnelles («Si je me préparais d'une manière plus adéquate, je pourrais peut-être réussir l'examen.») aide à diminuer le sentiment affligeant. En TC, on pose à un individu une série de questions conçues pour l'aider à lui faire découvrir la croyance intrinsèque, telles que: «Quel mal peut-il bien y avoir à échouer à la reprise d'examen?» ou «Que cela révélerait-il à propos de vous?» De telles questions aident à dévoiler la prétendue croyance intrinsèque pour que l'individu puisse ensuite y faire face, puis la remplacer. Par exemple, une personne pourrait répliquer qu'échouer à la reprise d'examen démontrerait qu'elle est inapte. La logique erronée de cette croyance intrinsèque serait alors remise en question (par exemple, «Il est clair que je ne suis pas toujours, ni complètement, inapte»), ce qui procurerait un réconfort additionnel.

Les croyances intrinsèques s'acquièrent assez tôt au cours de notre vie. Elles ressemblent souvent à ceci :

- «Je suis inapte (faible, incompétent, démuni, hors de contrôle, pas suffisamment doué, nul).»
- «Je ne suis pas aimable (je suis antipathique, indésirable, facile à rejeter, trop différent des autres, une mauvaise personne).» (Beck, 1995)

Même si on les appelle «croyances intrinsèques», elles ne constituent pas un reflet fidèle du moi intrinsèque ; elles ne sont que des pensées qui traversent l'esprit ordinaire. Comme elles ont été acquises tôt au cours de la vie, elles sont accompagnées de profonds sentiments dont il est difficile de se départir à l'aide de raisonnements. La logique à elle seule ne peut apaiser complètement les sentiments. Qui d'entre nous ne s'est jamais senti inapte ou mal-aimé à certains moments ? Une femme a déjà dit : «Au réveil, lorsque je suis tout échevelée et grincheuse, ne venez surtout pas me dire que je suis attrayante.» Comme le disait le maître zen Seng-Ts'an : «Si vous travaillez à améliorer votre esprit en utilisant votre esprit, comment pouvez-vous éviter la confusion la plus totale ?» (Hayes, Strosahl et Wilson, 1999, 12) Nous pourrions reformuler cela en disant : «Simplement penser ne suffit habituellement pas à nous libérer des croyances et des sentiments profondément ancrés en nous.»

Assez tristement, un criminel «endurci» s'écria un jour : «Ne comprenez-vous donc pas que je suis un criminel !» Il ne s'était jamais ouvert à la possibilité que sa perception de son identité ne soit qu'une pensée. Il s'était rattaché à la pensée de l'esprit ordinaire, comme si celle-ci constituait la pure vérité, en laissant la pensée dicter son comportement et sa notion de soi, bloquant ainsi toute possibilité de changement. Les croyances intrinsèques ont la capacité de venir s'incruster dans l'esprit ordinaire. Elles sont difficiles à déloger simplement à l'aide d'arguments logiques.

La thérapie cognitive inspirée de la pleine conscience (Mindfulness-based cognitive therapy, ou MBCT; Segal, Williams et Teasdale, 2002; McQuaid et Carmona, 2004) ramène les sentiments du cœur au sein de la démarche en offrant une façon complémentaire de faire face aux pensées et aux sentiments contrariants. Cette approche se concentre principalement sur les émotions (se sentir mal-aimé, inapte et ainsi de suite). Au lieu de se battre contre la distorsion des pensées, nous apprenons à accepter les pensées et les sentiments, et à laisser leur intensité se dissoudre tandis que nous les laissons venir à nous avec amour-bonté, en les observant du point de vue de l'esprit de sagesse, qui ne porte jamais de jugement. Nous évitons de nous ronger les sangs en allant au-delà des pensées pour considérer les sentiments avec la compassion d'un cœur ouvert, jusqu'à ce qu'ils s'atténuent.

Certains considèrent que l'approche décrite ci-dessous offre une façon plus simple et plus naturelle d'accéder aux croyances intrinsèques. Pratiquez cet exercice plusieurs fois au cours de la prochaine semaine, jusqu'à ce que vous soyez à l'aise avec cette démarche. (Voir l'exemple à la figure 6, ci-dessous.)

1. Choisissez une situation difficile ayant engendré des sentiments contrariants. Consignez ceux-ci sur une feuille.

Juste en dessous, décrivez puis évaluez l'intensité des sentiments ressentis.

2. Dans les deux premières colonnes, écrivez vos pensées automatiques, sans les juger. Respirez, tout simplement, puis d'un point de vue détaché, notez ces pensées.

3. Dans la deuxième colonne, écrivez une réponse consciente pour chaque pensée automatique. Les réponses conscientes sont de brèves tournures ou des phrases qui démontrent l'acceptation et la bienveillance, sans l'intention d'essayer de changer les pensées automatiques. Les exemples qui suivent pourraient vous aider à choisir les réactions appropriées :

« Penser que... »

« Ce n'est qu'une pensée. »

« Croire la pensée selon laquelle... »

« Accepter cette pensée... »

« Ne pas juger. »

« C'est comme ça. » (C'est excellent pour les affirmations de « devoir » telles « J'aurais dû savoir » ou « Je ne devrais pas être comme ça. »)

« C'est bien (en souriant, en considérant simplement cette pensée avec une conscience bienveillante). »

« C'est difficile. Souviens-toi de l'amour-bonté. L'amour est bien plus vaste que cette simple pensée. »

« Ressentir de la compassion... »

«Respirer, laisser cette pensée s'installer dans tout le corps...»

«Considérer doucement cette pensée avec conscience...»

«Se rappeler la patience et l'effort désintéressé...»

«Simplement laisser venir cette pensée et cette émotion en soi...»

«Considérer cette crainte avec compassion... ce n'est pas grave d'avoir peur.»

«Accepter la déception...»

«La pensée du novice...» (Particulièrement utile lorsque nous pensons: «Je ne peux pas faire cela» ou «Je suis un perdant.»)

«Accepter cette pensée, puis la relâcher.»

4. Laissez venir à vous toutes les pensées automatiques pendant quelques instants, sans essayer de les modifier. Prêtez attention aux sentiments et aux sensations que déclenche chaque pensée dans votre corps. Respirez à travers cela avec amour-bonté, sans juger les pensées ou les sentiments, sans réagir de façon émotionnelle ni vous battre contre eux, en considérant avec une pleine conscience la réaction consciente pour chacune des pensées automatiques. Observez si l'intensité des pensées ou des sentiments change lorsque vous les contemplez à partir du tableau.

Évaluation en deux temps selon la thérapie cognitive inspirée de la pleine conscience.

Situation difficile : Au moment où je travaille à un projet important chez moi, en soirée, mon ordinateur gèle.

Sentiment(s) provoqué(s)	**Évaluation initiale**	**Évaluation après avoir considéré la croyance intrinsèque**
Colère	8	6
Frustration	7	5

Pensées automatiques	**Réponse consciente**
Lorsqu'il arrive une chose de la sorte, je ne peux pas le supporter.	Avoir comme réflexion que je ne peux supporter cela
Cet ordinateur devrait faire ce pour quoi il a été payé.	C'est comme ça – accepter
Je dois respecter l'échéancier.	Respirer ; accepter que c'est difficile
Je dois exceller.	Croire la pensée selon laquelle je dois exceller

5. Découvrez la croyance intrinsèque. Vous pourriez vous poser des questions par rapport à cette situation émotionnelle telles que : « Pourquoi cela est-il si grave en soi ? », « Quelle est la pire chose découlant de cette situation ? », « Que cela révèle-t-il à mon sujet ? » et « Quelle est ma pire peine ou ma plus grande crainte ? » Peut-être est-ce la crainte d'être inapte, ou le sentiment de vous retrouver seul, incapable d'obtenir l'aide nécessaire, comme vous le ressentiez lorsque vous étiez jeune. Dans l'exemple précédent, vous auriez pu constater que vous pourriez rater l'échéancier fixé par votre patron à cause du dysfonctionnement de votre ordinateur ou que votre patron pourrait vous critiquer, et que vous pourriez réagir en pensant (et en ressentant) que vous étiez inapte, ce qui constitue la croyance intrinsèque.

6. Laissez venir la croyance intrinsèque (et le sentiment qui l'accompagne) en vous, comme dans l'exercice «Laissez venir les émotions en vous» décrit précédemment. Autrement dit, prêtez attention au sentiment sans juger ou réagir de façon émotionnelle. Conservez le sentiment à l'intérieur de votre corps, puis imprégnez-le doucement d'un amour-bonté bienveillant jusqu'à ce que la croyance intrinsèque et les sentiments qui en découlent commencent à diminuer en intensité. Souvenez-vous de la dignité et de la valeur incommensurable de chaque individu.

7. Évaluez de nouveau les premiers sentiments exprimés à la figure 6. Remarquez à quel point ils ont peut-être diminué en intensité.

Prenez bien note que la thérapie cognitive inspirée de la pleine conscience ne change pas la situation; elle ne fait que changer notre réaction par rapport à la situation. Elle nous enseigne comment diminuer l'intensité de nos réactions émotionnelles de manière que nous puissions fonctionner au mieux de nos capacités.

Exercice: Voyagez dans le temps

Cette stratégie nous permet d'entrer en contact avec qui nous étions antérieurement avec amour, en nous aidant à atténuer certaines expériences douloureuses de notre passé lointain ayant peut-être suscité des sentiments d'inaptitude, de rejet, d'impuissance, de honte, de solitude ou autre. Cet exercice requiert environ trente minutes.

1. Dans un endroit où vous ne serez pas dérangé, adoptez la position de méditation, les pieds à plat sur le sol et vos mains reposant confortablement sur vos genoux. Votre colonne se tient droit, comme une colonne de pièces d'or empilées. Le haut de votre corps est détendu, mais il se maintient droit, avec une dignité gracieuse, telle une montagne majestueuse. Laissez vos yeux se refermer. Servez-vous de votre respiration pour vous aider à atteindre le réconfort paisible de votre esprit de sagesse.

2. Pensez à une expérience douloureuse tirée de votre passé. Appelez la personne éprouvant cette expérience douloureuse votre «moi plus jeune.» Votre moi actuel, le «moi plus sage», comprend le pouvoir guérisseur de la compassion et possède davantage d'aptitudes et d'expérience que votre moi plus jeune.

3. Imaginez que le moi plus sage effectue un voyage dans le temps pour aller rendre visite au moi plus jeune au cours de cette période difficile. Le moi plus sage aime tendrement la valeur intrinsèque du moi plus jeune, et il sait que le mauvais traitement ou l'erreur dont le moi plus jeune a fait l'expérience ne constitue pas la véritable valeur intrinsèque de ce dernier. En regardant, en parlant ou en touchant au moi plus jeune de manière bienveillante, le moi plus sage l'aide à se sentir en confiance, protégé et aimé. Avec son expérience, le moi plus sage peut savoir ce qu'il aurait fallu au moi plus jeune et le lui fournir, que ce soit du réconfort, une protection physique, des conseils, de l'espoir, une étreinte, un clin d'œil ou un mot d'encouragement. Le moi plus jeune accepte cette bienveillance et s'en laisse imprégner. Ressentez cela vous arriver.

Exercice : Le miroir conscient

Au cours des prochains jours, pratiquez cet exercice chaque fois que vous vous retrouverez devant un miroir.

Regardez-vous directement et profondément dans les yeux avec un amour-bonté véritable et sincère. Regardez au-delà de vos rides ou de vos imperfections cutanées. Si vous remarquez un peu de stress dans vos yeux, essayez de le reconnaître et de le comprendre, puis laissez le stress se dissoudre. Continuez à vous regarder dans les yeux en arborant peut-être un sourire en coin, avec un sentiment de bonne humeur et d'acceptation accueillante, pour ainsi imprégner votre moi intrinsèque d'amour-bonté.

Souvent, ce n'est pas notre esprit ou le temps qui nous guérit, mais bien l'amour.

— Anonyme

6

Chapitre

Cultiver la joie

La vie est difficile, et l'un de ses plus grands défis consiste à trouver la meilleure façon d'en profiter pleinement. Semer davantage de joie dans notre vie favorise l'estime de soi en accroissant notre confiance en notre capacité à ressentir du plaisir et une certaine maîtrise sur notre vie. S'accorder des plages de temps pour avoir du plaisir constitue également une façon de prendre soin de soi-même. Comme il existe une corrélation étroite entre l'estime de soi et le bonheur (Brown, Schiraldi et Wrobleski, 2003) et puisqu'une augmentation de notre bonheur favorise l'accroissement de l'estime de soi, ce chapitre traitera des moyens d'accroître notre degré de bonheur et de plaisir équilibré.

Bien que le bonheur soit une condition plus stable et durable que le plaisir, les activités qui favorisent le plaisir équilibré (soit des activités qui prennent en considération le bien-être de soi et des autres et qui ne causent aucun mal) sont également bénéfiques.

Certaines études ont montré qu'une simple augmentation du nombre d'activités agréables peut améliorer l'humeur de manière aussi efficace que d'essayer d'éliminer les distorsions de la pensée (Jacobson et Christensen, 1996).

Avant d'examiner les différentes approches pour accroître notre degré de bonheur et de plaisir équilibré, examinons les facteurs qui peuvent miner nos efforts.

Les mythes du bonheur

Certains mythes faciles à réfuter semblent diminuer notre capacité à jouir de la vie.

✤ **Pour jouir de la vie, je dois être riche.** Une fois que les revenus d'un individu se sont hissés au-dessus du seuil de la pauvreté, la somme d'argent qu'il possède influence très peu son degré de bonheur. En réalité, les gens ont tendance à se sentir plus heureux quand leurs loisirs ne coûtent pas cher et qu'ils requièrent une participation active. Ainsi, il n'est guère étonnant d'apprendre qu'une forme de divertissement passive telle que regarder la télévision provoque habituellement une diminution de la bonne humeur. Les gens qui s'investissent dans des activités nécessitant une mobilisation plus importante de leurs qualités, tels la lecture ou le bénévolat, en retirent de plus grands bénéfices.

✤ **Jouer est quelque chose de puéril ou d'inconvenant.** Comme l'enseignait Gandhi, ce n'est pas le plaisir qui corrompt la conscience, mais le plaisir sans conscience. Le plaisir équilibré améliore le bonheur et la productivité.

✤ **Il faut accomplir tout son travail avant de s'accorder du temps pour avoir du plaisir.** En poussant ce mythe à sa logique extrême, personne ne pourrait avoir de plaisir puisqu'il nous reste toujours du travail à faire.

✤ **Seule la fin compte, et non les moyens.** Le processus qui nous mène au bonheur est un cheminement qui peut être réjouissant. Il suffit simplement de découvrir le côté gratifiant de notre travail et des autres aspects de notre vie. Quel bien cela nous apporte-t-il d'être riche en réussites mais démuni en plaisirs de la vie?

- **Pour avoir de la valeur, je dois «réussir» dans la vie; quand je joue, ma valeur est inférieure à celle que je détiens quand je produis.** Cette affirmation établit une adéquation erronée entre la valeur marchande et la valeur intrinsèque. Notre valeur intrinsèque reste constante, que nous soyons ou pas en train de dormir, de jouer ou de produire.

- **Le plaisir diminue la productivité.** Il est évident qu'un individu peut s'adonner exagérément au plaisir ou s'en servir pour échapper à ses responsabilités. Cependant, les gens heureux ont tendance à être plus productifs et à prendre de meilleures décisions que les gens malheureux.

- **Mes erreurs et mes défauts m'interdisent d'avoir droit au plaisir.** Nos erreurs et nos défauts nous rendent faillibles, mais ils ne nous rendent jamais indignes d'éprouver du plaisir ou n'annulent jamais notre valeur intrinsèque.

- **Avec toutes ces dépressions et ces problèmes dans le monde, il est pratiquement impossible d'être heureux.** En réalité, la plupart des gens sont heureux d'une manière générale, indépendamment de leur sexe, de leur race, de leur âge, de leur situation professionnelle, et même de leur handicap mental ou physique.

- **Je dois être séduisant pour être heureux.** Le bonheur se construit à partir de l'intérieur et il dépend relativement peu de notre apparence.

Réussir, c'est être heureux. Le bonheur consiste à s'aimer, à aimer les autres et à faire les choses que l'on aime.

J'aime pratiquer l'escalade, le surf et la peinture, pour ne nommer que ces choses-là.

— Mike Dolan, ancien étudiant

Une évaluation médicale ou psychologique approfondie

Dans un instant, nous discuterons des stratégies visant à augmenter notre degré de bonheur et de plaisir équilibré. Il est habituellement utile, cependant, de commencer par s'occuper des conditions qui peuvent détériorer l'humeur chez un individu et sa capacité à éprouver du plaisir. Voici quelques-unes de ces conditions :

- **Les maladies mentales les plus courantes, tels la dépression, l'anxiété et les problèmes de gestion de la colère,** sont associées à l'absence de bonheur. Un type de trouble anxieux, l'état de stress **post-traumatique (ESPT)**, peut se manifester à la suite d'une agression, d'un viol, d'une guerre, d'un accident de travail ou de la route, d'un crime, d'un acte terroriste ou de la torture ; et pour un policier, un pompier ou un autre intervenant du même genre, à la suite d'une intervention d'urgence.

- **On appelle le déséquilibre thyroïdien** le « trouble trompeur par excellence », car il peut provoquer la dépression, l'anxiété, le syndrome prémenstruel, la perte de mémoire chez les personnes âgées, un taux de cholestérol élevé, la prise de poids et plusieurs autres symptômes pouvant affecter le corps et l'esprit.

- **L'apnée du sommeil** est caractérisée par des pauses répétées du ronflement durant le sommeil. Cette condition peut provoquer un manque d'oxygène, amenant ainsi un individu à se sentir déprimé et fatigué et à voir son appétit sexuel diminuer. De plus, l'apnée du sommeil constitue un facteur de risque pour les migraines, les crises cardiaques, l'hypertension artérielle et les accidents vasculaires cérébraux.

- **Un niveau de cholestérol élevé** ainsi que le diabète peuvent provoquer la dépression.

Avec l'aide des soins médicaux et psychologiques appropriés, toutes ces conditions peuvent être traitées ou contrôlées avec succès. Un test d'hormone thyréotrope (TSH) peut déceler des problèmes d'ordre thyroïdien qui échappent parfois aux prises de sang conventionnelles. Plusieurs stratégies de gestion de stress peuvent être utilisées conjointement avec le traitement d'un bon nombre de ces problèmes. Parmi ces stratégies, on retrouve la respiration abdominale, la relaxation systématique, l'activité physique, une saine alimentation, une bonne hygiène de sommeil, la gestion du temps, les habiletés interpersonnelles et de communication. Cesser de fumer peut également réduire le stress et les sautes d'humeur. Il est préférable de confier le traitement de l'état de stress post-traumatique aux soins d'un spécialiste en traumatismes spécialement formé.

La pleine conscience au quotidien

La pleine conscience nous aide à être entièrement présent dans le moment actuel sans laisser nos pensées furtives (nos inquiétudes, nos projets, nos jugements et ainsi de suite) nous en éloigner. Pratiquer la pleine conscience tous les jours engendre les mêmes bénéfices que la méditation pleine conscience, c'est-à-dire une façon de se sentir serein et bien dans sa peau (voir le chapitre 5). Au cours des prochains jours, choisissez au moins une activité (dans la liste de suggestions ci-dessous) afin de l'apprécier de manière consciente. Utilisez votre respiration pour bien implanter votre esprit dans votre corps au moment de contempler et d'apprécier tous les aspects de l'activité. Lorsque vous respirez, laissez-vous transporter vers votre esprit de sagesse en vous sentant serein et à l'aise. Lorsque vous commencerez à vous détendre au cœur de l'instant présent, vous esquisserez peut-être un léger sourire, sachant que chaque moment peut être paisible et magnifique. Lorsqu'une pensée s'immisce, prêtez simplement attention à cette pensée avec une attitude cordiale, puis ramenez doucement votre attention complète vers l'activité. Ressentez simplement l'événement de manière complète, en prêtant attention aux détails que nous manquons si souvent au cours de nos vies agitées. Allez-y lentement et absorbez toutes les sensations – les saveurs, les images, les arômes, les sons et les textures –, et remarquez comment votre corps se sent avant, pendant et après l'activité. Essayez de faire uniquement l'activité, en ne prêtant attention à rien d'autre. Observez du point de vue compatissant de l'esprit de sagesse. Vous pourriez choisir une activité dans la liste qui suit :

- Observer quelque chose en pleine nature tels des nuages, la pluie, des étoiles, la lune, une fleur ou un arbre.
- Manger un repas.
- Conduire votre voiture.

- Laver votre voiture.

- Vous brosser les dents.

- Prendre une douche ou un bain.

- Vous laver les mains.

- Laver la vaisselle.

- Marcher. (Ressentez toutes les sensations dans vos jambes pendant que vous bougez avec une pleine conscience et que vos pieds atteignent le sol.)

- Vous asseoir au soleil.

- Écouter véritablement quelqu'un (sans juger ou penser à ce que vous allez dire ; prêtez attention à ce que ressent votre corps et à ce qui se trouve dans votre cœur ; essayez de discerner ce que la personne ressent au fond de son cœur.)

- Tenir un bébé dans vos bras.

- Vous installer au lit.

- Pratiquer un passe-temps.

- Jouer à un jeu d'enfant.

- Faire de l'exercice.

- Écouter ou raconter une histoire drôle. (Prêtez attention à la sensation d'être amusé.)

- Profiter du temps libre. (Vous pourriez vous réserver une journée de loisir avec seulement quelques idées générales en tête, par exemple aller au zoo ou vous promener en voiture à la campagne, et apprécier simplement ce qui se passe. Cela peut se faire seul ou avec une autre personne.)

Personne ne peut vivre sans contentement, et c'est pourquoi un homme dépourvu de la joie de l'esprit finit par aller vers les plaisirs charnels.

— Saint Thomas d'Aquin

La gratitude

Les gens heureux ont tendance à exprimer leur gratitude. Le pessimiste a tendance à observer un verre d'eau à moitié plein et à se dire : « Pourquoi est-il seulement à moitié plein ? Pourquoi ne peut-il pas être complètement plein ? » La personne heureuse se dit : « Que cette eau est magnifique et limpide ! » Ici encore, la pleine conscience nous vient en aide. Les maîtres spirituels orientaux nous enseignent que nous pouvons éprouver du contentement en toute circonstance, même quand nous sommes en train d'essayer d'en accroître le degré. En même temps, l'attachement provoque l'absence de bonheur. Lorsque nous voulons de l'argent, une belle apparence physique, des biens matériels, des nominations importantes ou la considération des autres, ces revendications contrôlent notre bonheur. Par exemple, si vous faites des pieds et des mains pour décrocher un poste prestigieux, comment vous sentirez-vous si vous ne l'obtenez pas ou si l'on ne peut pas vous l'accorder ? Si vous réussissez à l'obtenir, vous pourriez vous inquiéter d'être congédié. Si votre autorité était contestée, vous pourriez alors devenir fâché. La gratitude nous permet cependant d'apprécier pleinement tout ce que nous aimons, sans nous attacher aux biens que nous possédons ni à ceux qui nous manquent. Chacun peut prendre plaisir à contempler les nuages depuis sa villa, sa hutte ou sa cellule de prison.

Voici quelques suggestions pour éprouver davantage de gratitude :

- Essayez de tenir un journal de reconnaissance. Chaque jour, consignez trois ou quatre choses qui sont survenues au cours des vingt-quatre heures précédentes et qui vous ont inspiré de la gratitude. Au bout d'une semaine ou à peu près, observez si votre humeur s'est améliorée. Si c'est le cas, continuez de tenir votre journal de reconnaissance.

- Pensez aux gens qui vous ont marqué au cours de votre vie. Vous souhaiteriez peut-être leur exprimer votre reconnaissance la plus sincère par téléphone ou par écrit.

- Enfin, jouez au jeu des réminiscences avec vos amis ou des êtres chers. Vous n'avez qu'à dire : «Te souviens-tu lorsque nous avons fait telle ou telle chose ? Et à quel point c'était agréable ? Et à quel point nous avons ri ?»

Combien faut-il d'argent pour rendre un homme heureux ? Juste un peu plus que ce type-là en possède.

— John D. Rockefeller

Complétez le début de la phrase

Une autre façon de cultiver la bonne humeur consiste à compléter le début de certaines phrases. Cette stratégie exige que vous répondiez le plus rapidement possible, sans réfléchir ni vous questionner sur le réalisme de vos réponses ; on suppose ici que les idées qui comptent le plus se trouvent déjà en nous et qu'elles peuvent donc ressortir de façon spontanée. Vous pouvez essayer l'exercice suivant avec une autre personne ou plusieurs, assises en cercle. Chacun énonce le début d'une phrase à voix haute, puis la complète en formulant la première idée qui lui vient à l'esprit. Poursuivez l'exercice tant que les idées pour ce début de phrase ne sont pas épuisées, puis passez au début de phrase suivant. Si vous faites cet exercice seul, rédigez simplement vos réponses l'une après l'autre sur une feuille de papier.

Complétez les débuts de phrase suivants :

Durant mon enfance, j'aimais bien m'amuser à...

Avoir du plaisir, pour moi, consiste à...

Un plaisir simple, pour moi, consiste à...

Une chose que je faisais quand j'étais jeune et que j'aimerais encore faire consiste à...

Cette stratégie constitue une façon très agréable de stimuler la pensée créatrice. Un homme qui avait grandi au sein d'une famille de diplomates m'a surpris un jour en affirmant que sa conception du plaisir consistait à lire le journal sur la véranda ; j'avais cru qu'il m'aurait dit quelque chose comme aller à l'opéra ou visiter un grand musée. Lorsque j'ai commencé à utiliser cet exercice, je me suis mis à réfléchir aux plaisirs simples auxquels je m'adonnais durant mon enfance et que j'étais encore capable d'apprécier, comme grimper dans un arbre ou jouer à des jeux d'enfant. J'ai alors suggéré à mes proches de jouer à «Un, deux, trois, soleil» durant nos réunions de famille, et nous l'avons fait jusqu'à ce que les enfants soient devenus trop vieux. Dès lors, j'ai été un peu déçu de ne pas réussir à convaincre les adultes de continuer quand même à jouer à ce jeu, car nous avions si souvent ri de bon cœur auparavant. Mais je continue encore de me réapproprier certains plaisirs simples de mon enfance, comme lancer des flèches en l'air en utilisant l'arc avec lequel je jouais quand j'étais jeune.

Les traditions

Une tradition est quelque chose qui est apprécié et répété; c'est un retour réconfortant en terrain familier. C'est aussi ce que nous perdons, avec une partie de notre humanité, quand nous devenons trop occupés et que nous avons trop peu de temps libre. La plupart des gens affectionnent une tradition ou deux en particulier. Plusieurs d'entre elles peuvent être maintenues ou rétablies. Pour certains, cette tradition pourrait consister à souligner une fête. Pour d'autres, les traditions peuvent être aussi simples qu'un souper familial le dimanche soir. (Une femme racontait que sa tradition de la fête des Mères consistait à se rendre à n'importe quel restaurant où elle n'aurait pas à «lever les yeux pour consulter le menu».)

Certains couples se réservent les vendredis soirs pour une sortie intime, alors que certaines familles consacrent un soir par semaine à jouer à des jeux, à se raconter des histoires stimulantes ou à partager une gâterie. Une tradition pourrait aussi bien signifier faire une corvée en famille que désigner un moment particulier réservé aux amis, car c'est lorsque nous sommes trop occupés pour voir nos amis que nous courons le risque de les perdre.

L'image de maîtrise et de compétence

Si vous êtes parvenu à vous rendre jusqu'à ce stade-ci de votre vie tout en réussissant à maintenir un certain équilibre mental, alors donnez-vous une petite tape dans le dos. Vous souvenez-vous d'une période au cours de votre vie où vous avez fait face à un défi et avez su comment bien vous en tirer, même dans des conditions difficiles? Vous souvenez-vous d'avoir maîtrisé une matière difficile à l'école, d'avoir exécuté une pièce musicale compliquée, d'avoir bien réussi dans une compétition sportive, d'avoir résolu un conflit avec une autre personne ou d'avoir eu peur mais d'avoir néanmoins persévéré? Vous souvenez-vous à quel point votre sentiment de satisfaction était agréable? Pour survivre, nous avons tous eu à surmonter certains défis. Prenez quelques instants pour vous rappeler certains de ces moments. Notez-les sur un bout de papier. Maintenant, prenez quelques instants pour vous concentrer sur l'une de ces expériences, peut-être celle qui a suscité en vous le plus de fierté. Nous accolerons à cette expérience l'expression «image de maîtrise et de compétence». Adoptez la position de méditation – les pieds à plat sur le sol, le dos droit et souple, vos mains reposant sur vos genoux –, puis détendez-vous au cœur de votre respiration. Imaginez l'expérience dans tous ses détails – ce que vous avez fait, pensé, ressenti, vu, entendu et senti dans votre corps. Prenez votre temps, vous rappelant les détails jusqu'à ce que l'expérience devienne très nette dans votre esprit. Puis consignez ces détails dans un cahier ou sur un morceau de papier (rédiger les détails les rend encore plus frappants et tangibles). Vous avez votre image de maîtrise et de compétence. Comme cette image est tirée d'une expérience que vous avez vécue, cet exercice génère de puissantes sensations de confiance et de satisfaction qui auront tendance à remplacer les sentiments négatifs et à accroître votre estime de vous.

Ensuite, choisissez une situation imminente que vous associez à de l'anxiété – par exemple, passer un examen, négocier une augmentation de salaire ou entreprendre une tâche difficile. Découpez la situation en dix à vingt étapes à partir de l'aspect le moins difficile jusqu'au plus difficile. (Vous pourriez aussi la partager en dix à vingt étapes chronologiques.) Après avoir terminé ce découpage, adoptez la position de méditation. Réfléchissez à l'étape qui suscite le moins d'inquiétude (ou à la première étape, si votre classement est chronologique), vous laissant le temps de ressentir pleinement toute émotion négative associée à cette étape, le cœur ouvert, pendant quelques instants. Détendez-vous au cœur de votre respiration. Prêtez attention aux endroits de votre corps où vous ressentez une tension, puis respirez au cœur de cette région avec compassion. Maintenant, ramenez votre image de maîtrise et de compétence en pleine conscience. Ressentez pleinement et entièrement tous les détails de cette image. Lorsque vous verrez clairement cette image dans votre esprit, imaginez que toutes les pensées, les sentiments, et les sensations au cœur de votre image de maîtrise et de compétence imprègnent complètement cette étape émotionnelle particulière. Gardez cette idée quelques instants jusqu'à ce que vous ressentiez un changement dans les sentiments qui y sont associés.

Répétez ce cycle à quelques reprises, laissant le sentiment d'inquiétude venir en vous pour ensuite l'imprégner de votre image de maîtrise et de compétence, jusqu'à ce que vous vous sentiez capable de ressentir relativement peu de crainte pour l'étape concernée. Puis procédez à l'étape suivante et recommencez l'exercice. À la fin, une fois que vous aurez imprégné chaque étape de votre image de maîtrise et de compétence, vous ressentirez l'événement émotionnel de manière plus sereine et confiante.

Si vous en avez le temps, faites ressurgir en vous d'autres images de maîtrise et de compétence. Décrivez-les dans votre cahier, puis ajoutez-les à votre répertoire de stratégies d'adaptation.

L'humour

L'humour a toujours été très utile à ceux qui ont survécu à des catastrophes ou à des désastres personnels. Mais on ne saurait confiner l'humour à des histoires drôles. L'humour consiste à adopter un point de vue amusant et bienveillant par rapport à la vie ; il nous ramène de manière plaisante à notre esprit de sagesse et nous aide à constater que les écueils sur notre route ne constituent pas qui nous sommes. Ainsi, l'humour nous permet de faire face à nos erreurs avec une présence d'esprit et un sentiment de sérénité. L'humour se rattache à l'acceptation, à l'optimisme et à la lucidité. Il nous permet de dire : « Vous savez, je ne suis pas parfait, mais je suis un type pas mal meilleur que certains pourraient le croire. » Comme le disait un jour une femme élégante de ma connaissance : « Il est important de savoir rire de soi, car il nous arrive tous de faire des choses ridicules à l'occasion. »

L'humour nous aide à supporter l'adversité, car il confère un semblant de saveur aigre-douce à nos amertumes, il agit comme interlude comique au cœur de nos vies et il détend l'atmosphère. Lorsque nous trouvons matière à rire en dépit de toutes les absurdités de la vie, nous pouvons dire véritablement: «Je suis capable de m'élever même au-dessus de cette situation, du moins de façon temporaire; les choses pourraient être pires.»

Un rire partagé est rassembleur et nous rappelle que nous ne sommes pas seuls dans notre souffrance. Viktor Frankl (1959), un survivant des camps de concentration de la Seconde Guerre mondiale, racontait l'histoire de deux prisonniers qui se demandaient en plaisantant comment ils pourraient appliquer quelques leçons du camp une fois revenus à la vraie vie: ils se voyaient à une réception où ils demandaient que la soupe leur soit servie à même le fond de la casserole. Au cours de cette guerre, Irene Gut Opdyke dissimula douze Juifs dans le sous-sol d'une villa alors même qu'elle tenait maison pour un commandant allemand, juste un étage au-dessus (I. G. Opdyke, communication personnelle). En dépit du grave danger qu'ils couraient, raconte-elle, tous trouvaient cocasse, voire burlesque, de penser qu'ils dérobaient de la nourriture au nez et à la barbe du commandant. Une autre illustration du pouvoir de l'humour provient de la terrible Bataille des Ardennes en 1944-1945, alors que des soldats américains cernés maintenaient des barrages routiers où le droit de passage était sévèrement restreint. Un officier à bord d'une jeep conduite par un Afro-Américain s'approcha d'un barrage, mais il ne connaissait pas le mot de passe. L'officier, faisant preuve d'impatience, tendit sa main vers son pistolet puis exigea qu'on lui cède le passage. Huit sentinelles désactivèrent aussitôt le cran de sûreté de leur fusil pour se préparer à faire feu. À cet instant précis d'extrême tension, le chauffeur s'écria: «Bon sang, les gars, vous voyez bien que je n'ai pas la tronche d'un nazi!» Le sentiment d'affection et de respect avec lesquels cette histoire me fut racontée suggère qu'à cet instant précis le rire contribua à faire tomber les barrières séparant des individus en évacuant complètement la tension présente (R. B. Jacobs, communication personnelle).

Pour vous aider à cultiver votre sens de l'humour, il pourrait vous être utile de vous rappeler les principes suivants:

- **Privilégiez un style d'humour affectueux, amusant et conciliant plutôt que sarcastique.** Un humour sain et équilibré nous permet de partager notre condition commune et nos défauts dans la vie de tous les jours. Il s'en dégage l'impression que nous sommes tous dans le même bateau. Évitez l'ironie et le cynisme, car ils peuvent diviser les gens. Considérez l'humour comme un acte de bonté pouvant remonter le moral des autres lorsqu'on s'en sert avec bienveillance.

- **Il n'est pas nécessaire d'être drôle à tout prix.** Prêtez simplement attention aux absurdités de la vie ou prenez-en note, puis ayez le courage d'en rire.

- **Restez vous-même.** Vous pouvez soit prendre vous-même des initiatives d'humour (raconter des histoires drôles, jouer des tours, taquiner les autres gentiment, donner des surnoms affectueux), soit être bon public ou voir les choses avec humour (remarquer le ridicule d'une situation, rire tout bas de ses erreurs, rire avec les autres). Vous pouvez être subtil, pince-sans-rire ou rieur. Vous constaterez peut-être que vous être drôle en présence de vos bons amis, mais pas au sein d'un large groupe. Toutes ces approches sont bonnes.

- **Faites preuve de discernement.** Abuser de l'humour peut constituer une forme de fuite et une façon de nous soustraire à nos véritables sentiments. Il est parfois indélicat et inconvenant de rire. Si vous n'êtes pas certain que votre humour était opportun dans une situation particulière, renseignez-vous. Expliquez que vous vouliez détendre l'atmosphère, puis demandez comment ont réagi les gens autour de vous.

- **Avant d'essayer d'être drôle, efforcez-vous d'abord de remarquer les aspects réjouissants de la vie.** («Tu as vu comme la lune est magnifique?»). Si vous réussissez ensuite à faire rire l'autre personne, c'est la cerise sur le gâteau.

Notre attitude envers la souffrance

Certes, la vie est difficile. Gémir, se plaindre, s'en vouloir après coup ou s'apitoyer sur soi, en vouloir à la vie et blâmer les autres – tout cela provoque un sentiment d'impuissance et de colère qui ne fait qu'accroître nos souffrances. Les individus qui réussissent à surmonter l'adversité développent une nouvelle façon de percevoir la souffrance. Par exemple, les prisonniers de guerre apprennent à reconnaître la réalité des blessures internes qu'ils ont subies, mais ils se rendent également compte que le mauvais sort leur a révélé des forces qu'ils n'auraient pu découvrir autrement. Parfois, l'adversité nous enseigne que nous pouvons endurer davantage de souffrance que nous ne l'aurions cru, ou elle nous oblige à développer de la persévérance et de la détermination. Souffrir peut engendrer un sentiment accru d'empathie et de motivation, nous inspirant ainsi à aider les autres. Souffrir peut aussi nous aider à apprécier les plaisirs simples de la vie. Voir d'autres personnes endurer leur souffrance avec dignité peut nous aider à apprécier la force de caractère chez les autres. La plupart des gens qui ont surmonté de graves épreuves ne souhaiteraient pas revivre les périodes difficiles de leurs vies, et pourtant, la plupart d'entre eux affirment qu'à cause des leçons qu'ils en ont tirées, ils n'échangeraient ces défis de leur passé pour rien au monde. Au lieu de grimacer ou d'essayer d'éviter la douleur, nous pouvons apprendre à défier courageusement le vent de l'adversité pour aller y cueillir les enseignements de la souffrance.

Cultivez l'optimisme

L'optimisme est une autre corrélation du bonheur, de l'estime de soi et de la résilience. L'optimisme n'est pas une attente irréaliste selon laquelle tout finira par bien aller – cela serait considéré comme un excès de confiance, ce qui pourrait mener à une déception et à un mauvais rendement. L'optimisme se définit plutôt par l'attitude qui nous incite à dire :

- «Si j'essaie, il est probable que les choses se passeront aussi bien que possible.»
- «Peu importe à quel point les choses empirent, je parviens toujours à trouver quelque chose qui me réjouit.»
- «Si les choses ne fonctionnent pas bien dans un domaine, il est probable qu'elles iront bien dans d'autres domaines.»

- «La malchance n'est pas permanente, alors je peux aborder les choses avec l'esprit ouvert du novice.»

Les stratégies suivantes peuvent nous aider à cultiver l'optimisme :

- Lorsque vous n'obtenez pas les résultats escomptés, pensez en optimiste. Les optimistes vivent plus longtemps et jouissent d'une meilleure santé physique et mentale que les pessimistes. Au travail, ils fournissent un meilleur rendement. Un pessimiste est d'avis que : (1) «Quelque chose en moi fait défaut»; (2) «Tout se passe toujours mal»; et (3) «Les choses ne s'amélioreront jamais.» Par contre, un optimiste se dit : (1) «C'était une situation difficile»; (2) «Je peux accomplir d'autres choses correctement»; et (3) «Les choses vont probablement s'améliorer.»

- Lisez au sujet d'individus tels Viktor Frankl ou Arthur Ashe, qui ont tous deux supporté des périodes de souffrance avec optimisme.

- Si quelque chose va mal, pratiquez l'exercice du «au moins» : «J'ai perdu ma maison, mais au moins j'ai encore ma famille»; «J'ai perdu mon emploi, mais au moins je n'ai plus à supporter mon patron»; «Cette adversité m'aura au moins appris que je peux endurer de grandes difficultés.» (Ce dernier exemple est une démonstration de «la fierté du survivant», autrement dit, de la confiance et de la force qu'un individu acquiert après s'être sorti d'une tragédie ou d'une épreuve.)

7

Chapitre

Apprécier son corps

Avez-vous déjà remarqué ce que vous voyez quand vous êtes devant un miroir? Considérez-vous votre apparence et votre allure de manière cordiale et bienveillante ou vous concentrez-vous plutôt sur les imperfections de votre corps? La première approche suscite un sentiment de satisfaction; l'autre provoque un sentiment de déception.

Le corps est un facteur externe. Il n'existe aucune adéquation entre notre valeur intrinsèque et notre poids, notre apparence ou notre état de santé (bien que notre culture puisse nous inciter à le croire). Cependant, la façon dont nous percevons notre corps correspond habituellement à la façon dont nous percevons notre moi intrinsèque. Si nous rejetons notre corps dans son ensemble à cause de certaines imperfections que nous percevons, nous condamnerons probablement aussi notre moi intrinsèque pour une imperfection actuelle quelconque. Si notre corps a été maltraité, ridiculisé ou insulté, il est possible que nous le percevions avec un sentiment de honte. Et cette honte pourrait se répandre au moi intrinsèque. Pourtant, nous pouvons apprendre à percevoir notre corps avec un plus grand sentiment d'appréciation et de satisfaction. Cela nous aide ensuite à adopter une attitude plus conciliante envers notre moi intérieur.

À en croire les médias, aucun individu ne peut être véritablement heureux s'il n'est pas parfait physiquement. Quoi qu'il en soit, un reportage fascinant fut diffusé à l'émission *20/20 Downtown* au sujet de Kevin Miller, ce professeur de musique aimé de ses élèves qui se trouvait à peser 270 kilos (Miller, 2000). Avec le soutien de sa remarquable épouse, Miller a appris que sa véritable identité reposait à l'intérieur de lui. Il a appris à s'accepter tout en essayant, tous les jours, de surveiller son poids. Conséquemment, ses élèves ont appris à regarder au-delà de la superficialité des apparences. De la même façon, lorsque Christopher Reeve, célèbre pour son rôle de Superman, devint paralysé, sa femme lui a fait savoir qu'elle le comprendrait s'il voulait mettre fin à ses jours, mais qu'elle l'aimait toujours et qu'elle souhaitait qu'il choisisse de continuer à vivre. Son jeune fils Will, qui comprenait déjà la différence entre la valeur intrinsèque et les facteurs externes, proclama que son père ne pouvait plus courir, mais qu'il pouvait encore sourire. Ainsi, la valeur incommensurable du moi intrinsèque subsiste en dépit des imperfections du corps. De même que nous pouvons apprendre à reconnaître que notre valeur intrinsèque est distincte des facteurs externes, nous pouvons apprendre à apprécier notre corps en dépit de ses imperfections. Voici comment y parvenir.

Considérez la splendeur du corps humain

Il est facile d'apprécier la splendeur d'une cime montagneuse, d'un champ de blé, d'un édifice imposant, d'un coucher de soleil face à l'océan, d'un étalon en cavale dans la plaine, d'une simple fleur ou d'un morceau de fruit. Mais prenons aussi quelques instants pour réfléchir aux complexités époustouflantes du corps humain.

Chacune de nos cellules renferme la carte génétique permettant de produire toutes les cellules de notre corps. Le code génétique contient des milliards de barreaux d'ADN qui pourraient s'étendre sur plus de 1,5 mètre s'ils étaient tendus en ligne droite. Cependant, ce code est enroulé à l'intérieur du noyau de chaque cellule sur une distance d'à peine 1/65 000 millimètre. À partir de ce seul modèle, les cellules se divisent et se spécialisent, de manière que certaines deviennent les cellules du cœur, d'autres, les cellules de l'œil, du système nerveux ou des os, et ainsi de suite. Si elles étaient placées bout à bout, les milliers de milliards de cellules du corps humain, parmi lesquelles des millions sont remplacées chaque seconde, pourraient s'étendre sur une distance de plus de 1 600 000 kilomètres.

Les vaisseaux sanguins du corps humain s'étendent sur plus de 120 000 kilomètres. Le cœur est constitué de deux pompes musculaires dont l'une est assez puissante pour acheminer le sang dans ces milliers de kilomètres de vaisseaux et dont la seconde est assez raffinée pour faire circuler le sang à travers les poumons sans faire éclater les petits sacs pulmonaires délicats qui s'y trouvent. Le cœur, d'un poids d'à peine 300 grammes, bat inlassablement, pompant suffisamment de sang pour emplir l'équivalent de plusieurs wagons chaque jour. Les valves cardiaques, minces comme un mouchoir en papier, fonctionnent habituellement de manière irréprochable sans arrêt, pendant toute la durée d'une vie.

À poids égal, les 206 os du corps humain sont plus résistants que l'acier ou le béton armé. La science est incapable de reproduire la durabilité et la flexibilité d'une articulation comme celle du pouce, qui requiert l'envoi de milliers de messages à partir du cerveau pour diriger sa série de mouvements complexes.

Les circuits neurologiques complexes des yeux, des oreilles et du nez nous permettent de bien discerner des milliers de couleurs, de sons et d'odeurs, tandis que l'oreille et le cerveau travaillent de pair afin de déceler le moindre déséquilibre dans notre posture. Sous la peau, une région de la taille d'un ongle renferme des milliers de terminaisons nerveuses permettant de ressentir le toucher, la température et la douleur; d'innombrables glandes sudoripares pour rafraîchir le corps; et de nombreux mélanocytes pour nous prémunir contre les rayons du soleil. La peau peut déceler et faire la distinction entre la sensation d'une étreinte, d'un massage ou d'une brise agréable, accroissant ainsi notre capacité à ressentir du plaisir.

Le système immunitaire du corps humain est plus complexe que l'armée la plus sophistiquée. La surface acide et salée de notre peau empêche plusieurs impuretés de pénétrer à l'intérieur du corps. Le nez, les voies respiratoires et les poumons travaillent conjointement pour filtrer, humidifier et ajuster la température de l'air inspiré. Le lysozyme présent dans le nez et les acides gastriques détruit les microbes puissants qui s'introduisent en nous, tandis que des milliards de globules blancs spécialisés s'occupent de neutraliser les microbes qui pénètrent dans le corps. De plus, les globules blancs retiennent les marqueurs des microbes qu'ils croisent de manière à les détruire de manière efficace à leur prochain passage.

Le système immunitaire est régulé par le cerveau à partir d'un ballet complexe de fibres nerveuses et d'hormones, ce qui permet parfois à des émotions positives tels l'amour et l'espoir de le renforcer. Le cerveau, qui pèse 1,4 kilo, recèle cent milliards de neurones et est plus complexe que n'importe quel ordinateur. Il surveille continuellement le corps et déclenche, au besoin, des corrections de température interne, de glycémie, de pression sanguine et d'équilibre entre l'apport et l'élimination des liquides. En plus de nous permettre d'accéder à la pensée logique, le cerveau nous permet de reconnaître des visages, de comprendre la subtilité de certaines expressions faciales et orales, de réagir en fuyant ou en combattant quand nous sommes menacés, de nous souvenir de leçons cruciales, et d'établir des objectifs.

Enfin, le corps humain peut convertir la nourriture ingérée en énergie utile, et il possède la capacité remarquable de se guérir lui-même.

Exercice : Une activité simple pour apprécier votre corps

Aussi souvent que vous le pouvez, postez-vous quelques instants devant un miroir et regardez votre corps bien en face. Au lieu de vous attarder à ce qui ne va pas (une imperfection cutanée, les cernes sous vos yeux ou des rides), remarquez ce qui est bien, ce qui fonctionne. Prêtez attention à vos cheveux, à l'éclat de votre peau, à votre faculté de pouvoir vous tenir debout et de bouger, ou à la couleur de vos yeux. Réfléchissez aux prodiges décrits ci-dessus. Vous pouvez bouger simplement votre pouce dans toutes les directions, puis remarquer toutes les merveilleuses complexités et la variété des mouvements qu'il vous permet de réaliser. Puis élargissez votre conscience vers d'autres prodiges du corps humain, autant externes qu'internes.

Exercice : Méditation pour apprécier votre corps

Cette forme de méditation conçue par Jack Canfield en 1985 constitue un moyen très efficace de cultiver l'appréciation de son corps. Elle s'exécute une fois par jour pendant une période d'environ trente minutes. Elle s'avère particulièrement efficace lorsqu'on la pratique de façon régulière. Assoyez-vous ou allongez-vous dans un endroit confortable où vous ne serez pas dérangé. Lisez lentement le texte qui suit, demandez à quelqu'un de vous le lire ou enregistrez-le pour vous le faire jouer par la suite.

Soyez le bienvenu (ou la bienvenue). Choisissez une position confortable, soit assis sur une chaise ou allongé sur le dos, sur le plancher ou sur un lit. Prenez quelques instants pour vous sentir bien à l'aise. Puis prenez conscience de votre corps à cet instant précis... Vous voudrez peut-être étirer différentes parties de votre corps... vos bras, vos jambes, votre cou ou votre dos... simplement pour accroître la conscience que vous avez de votre corps. Et maintenant, commencez à prendre quelques inspirations de plus en plus profondes, de plus en plus longues et de plus en plus lentes... en inspirant par votre nez puis en expirant par votre bouche, si vous le pouvez. Et continuez à prendre de longues respirations, lentes et rythmées...

Et maintenant, prenez quelques instants pour vous concentrer sur votre corps et l'apprécier. Ressentez l'air qui entre dans vos poumons et en sort, vous apportant une énergie vitale. Prenez conscience du fait que vos poumons continuent de respirer, même lorsque vous n'y prêtez pas attention... ils inspirent et expirent à longueur de journée, même quand vous dormez... ils inspirent de l'oxygène, ils inspirent de l'air pur et frais, ils expirent les impuretés pour nettoyer et revitaliser le corps au complet, en faisant pénétrer puis en expulsant l'air de façon constante… comme l'océan, comme la marée qui monte et qui redescend. En ce moment précis, transmettez une lumière blanche, magnifique et radieuse vers vos poumons, ainsi que de l'amour, et prenez conscience que depuis ce jour où vous avez pris votre première inspiration, vos poumons ont toujours été là pour vous. Peu importe ce que vous faites, ils continuent d'inspirer et d'expirer à longueur de journée. Et maintenant, prenez conscience de votre diaphragme, ce muscle situé juste en dessous de vos poumons, qui monte et qui descend, et qui permet d'une façon continue à vos poumons de respirer… puis envoyez de la lumière et de l'amour à votre diaphragme.

Et maintenant, prenez conscience de votre cœur. Ressentez-le et appréciez-le. Votre cœur relève du miracle. Il continue de battre sans cesse, sans jamais rien exiger en retour, tel un muscle infatigable qui vous sert à chaque instant… il achemine à toutes les cellules de votre corps des nutriments qui vous maintiennent en vie. Quel instrument magnifique et puissant! Votre cœur bat ainsi depuis toujours, tous les jours. Et donc, voyez votre cœur entouré d'une lumière blanche et de chaleur, puis dites-vous à mi-voix, à l'adresse de votre cœur: «Je t'aime et je t'apprécie.»

Et maintenant, prenez conscience de votre sang, pompé à travers votre cœur. Il représente la rivière de vie pour votre corps. Des millions et des millions de cellules sanguines… des corpuscules rouges et des corpuscules blancs… anticoagulants et anticorps… qui coulent dans votre sang pour combattre les maladies, pour vous immuniser et vous guérir… acheminant de l'oxygène à partir de vos poumons jusqu'à toutes les cellules de votre corps… en allant vers le bas jusqu'à vos orteils puis vers le haut jusqu'à vos cheveux. Ressentez ce sang circuler dans vos veines et vos artères… puis entourez toutes ces veines et ces artères d'une lumière blanche. Voyez cette lumière danser au cœur de votre circulation sanguine comme si elle apportait de la joie et de l'amour à chaque cellule.

Et maintenant, prenez conscience de votre poitrine et de votre cage thoracique. Vous pouvez la ressentir monter puis redescendre au gré de votre respiration… votre cage thoracique, qui protège tous les organes de votre corps… qui protège votre cœur et vos poumons… qui les garde en sécurité. Alors laissez-vous envoyer de l'amour et de la lumière à ces os qui composent votre cage thoracique. Ensuite, prenez conscience de votre ventre et de vos intestins et de vos reins et de votre foie. De tous les organes de votre corps qui transportent la nourriture et la digèrent, et qui fournissent les nutriments à votre corps… qui équilibrent et purifient votre sang… vos reins et votre vessie. Voyez votre corps en entier, à partir du cou jusqu'à votre taille, entouré et empli d'une lumière blanche.

Et maintenant, prenez conscience de vos jambes… de vos jambes qui vous permettent de marcher et de courir et de danser et de sauter. Elles vous permettent de vous tenir debout dans ce monde, d'avancer et de courir jusqu'à vous rendre essoufflé d'un sentiment d'euphorie. Laissez-vous apprécier vos jambes et les ressentir entourées d'une lumière blanche. Puis voyez tous les muscles et les os de vos jambes emplis d'une lumière blanche, radieuse… et dites à vos jambes: «Je vous aime, jambes, et j'apprécie tous le travail que vous avez accompli.» Et puis prenez conscience de vos pieds. Ils vous permettent de rester en équilibre quand vous partez à la découverte du monde. Ils vous permettent de grimper et de courir… et ils vous soutiennent chaque jour… et donc, remerciez vos pieds d'être là et de vous soutenir.

Et maintenant, prenez conscience de vos bras. Vos bras aussi relèvent du miracle. Et vos mains. Pensez à toutes les choses que vous êtes capable d'accomplir grâce à vos mains et à vos bras. Vous pouvez écrire ou pianoter sur un clavier… vous pouvez tendre une main et toucher à des choses. Vous pouvez ramasser des choses et les utiliser. Vous pouvez apporter de la nourriture à votre bouche. Vous pouvez ranger des choses dont vous ne voulez pas. Vous pouvez vous gratter si ça vous démange, tourner les pages d'un livre, faire à manger, conduire votre voiture, donner un massage à quelqu'un, chatouiller quelqu'un, vous défendre ou serrer quelqu'un dans vos bras. Vous pouvez tendre la main et prendre contact avec votre monde et avec les autres. Donc, voyez vos bras et vos mains entourés de lumière, et envoyez-leur votre amour.

Puis laissez-vous ressentir de l'appréciation d'avoir un corps, que vous pouvez utiliser chaque jour pour vivre les expériences que vous souhaitez, un corps dont vous avez besoin pour grandir et en tirer des apprentissages.

Et puis, prenez conscience de votre colonne vertébrale, qui vous permet de vous tenir droit… et qui procure une structure à votre corps en entier… et qui offre une protection à votre système nerveux dont le réseau part de votre cerveau pour descendre le long de votre moelle épinière avant d'en ressortir pour se diriger à travers le reste de votre corps. Voyez une lumière dorée flotter le long de votre colonne vers le haut, à partir de la base de votre colonne à la hauteur de votre bassin… flottant vers le haut de votre colonne une vertèbre à la fois, montant le long de votre colonne jusqu'à votre cou… jusqu'à l'extrémité de votre colonne, là où votre crâne s'y rattache… puis laissez cette lumière dorée s'écouler vers le haut, jusqu'à l'intérieur de votre cerveau.

Et puis, prenez conscience de vos cordes vocales dans votre cou… elles vous permettent de parler, d'être entendu, de communiquer, d'être compris, et de chanter et de réciter et de prier, et de crier, et de hurler de plaisir et d'excitation… d'exprimer vos sentiments et de pleurer et de partager vos pensées les plus profondes et vos rêves.

Et puis, prenez conscience de l'hémisphère gauche de votre cerveau, de la région de votre cerveau qui analyse et évalue, qui résout des problèmes et planifie pour l'avenir, qui calcule et raisonne et déduit et admet… Et laissez-vous simplement apprécier ce que vous procure votre intelligence… et voyez l'hémisphère gauche de votre cerveau empli complètement d'une lumière blanche et dorée… et de petites étoiles scintillantes, et voyez cette lumière blanche purifier, puis ranimer et aimer et nourrir cette région de votre cerveau… et puis laissez cette lumière commencer à s'écouler à partir du sillon central qui délimite l'hémisphère gauche de votre cerveau jusqu'à l'hémisphère droit de votre cerveau… la région de votre cerveau qui vous permet de ressentir, d'avoir des émotions, d'être intuitif, de rêver… de rêvasser et de visualiser, de créer et de converser avec votre sagesse supérieure… la région de votre cerveau qui vous permet d'écrire de la poésie et de dessiner… et d'apprécier les arts et la musique. Voyez cet hémisphère de votre cerveau empli d'une lumière blanche et dorée.

Puis, ressentez cette lumière s'écouler le long de vos fibres nerveuses jusqu'à l'intérieur de vos yeux… et voyez puis ressentez vos yeux emplis de cette lumière, et constatez la beauté que vos yeux vous permettent de percevoir : les fleurs et les couchers de soleil et les belles personnes… toutes les choses que vous avez pu apprécier à travers vos yeux.

Et puis, prenez conscience de votre nez. Il vous permet de sentir et de respirer et de goûter mieux… pensez à l'ensemble des goûts et des odeurs extraordinaires de votre vie… aux magnifiques parfums des fleurs et aux arômes de tous les mets que vous aimez manger.

Maintenant, prenez conscience de vos oreilles… elles vous permettent d'entendre de la musique, d'écouter le souffle du vent, le chuintement des vagues au bord de l'océan et le chant des oiseaux… et d'entendre les mots « Je t'aime »… et de prendre part à des discussions et d'écouter les idées d'un autre, et de permettre à la compréhension de surgir.

Et maintenant, ressentez chaque partie de votre corps, de la tête jusqu'aux orteils, entourée et emplie de votre propre amour et de votre propre lumière… Et maintenant, prenez quelques instants et permettez-vous de demander pardon à votre corps pour tout ce que vous avez pu lui faire subir… pour les fois où vous avez manqué de respect envers lui et pour les fois où vous n'en avez pas pris soin avec amour… les fois où vous ne l'avez pas écouté…

pour les fois où vous lui avez donné trop de nourriture ou d'alcool ou de drogue... pour les fois où vous étiez trop occupé pour manger, trop occupé pour faire de l'exercice... trop occupé pour un massage ou pour un bain chaud... et pour toutes les fois où votre corps aurait voulu être serré dans les bras d'une autre personne ou se faire toucher et que vous vous êtes abstenu.

Et encore une fois, ressentez votre corps... et voyez-vous entouré de lumière... Et maintenant, laissez cette lumière commencer à se répandre à l'extérieur de votre corps... jusqu'au monde extérieur... prendre de l'ampleur et emplir l'espace autour de vous.

Et maintenant, commencez à ramener lentement cette lumière à l'intérieur de vous, très lentement, de retour dans votre corps, en vous-même... et ressentez votre existence ici, maintenant, emplie de lumière et emplie d'amour et d'appréciation pour votre corps... Et quand vous êtes prêt, vous commencez peut-être à vous laisser vous étirer et à ressentir la conscience et la force vitale revenir dans votre corps... Et quand vous êtes prêt, vous pouvez commencer lentement à vous redresser et à vous réajuster à votre présence à l'intérieur de la pièce et simplement laisser vos yeux s'ouvrir, en prenant autant de temps qu'il vous faut pour effectuer cette transition.

Chapitre 8

Prendre soin de son esprit en prenant soin de son corps

Comme le corps et l'esprit sont interreliés, bien prendre soin de son corps constitue une façon de renforcer sa santé mentale et son estime de soi. De façon plus catégorique, on peut affirmer qu'il ne faut pas s'attendre à se sentir à son mieux, psychologiquement parlant, si on néglige sa santé physique. La bonne nouvelle est (1) que nous savons désormais comment optimiser la santé physique, et (2) que l'investissement en temps, en argent et en efforts pour y parvenir n'est pas prohibitif. La santé physique pourrait se comparer à un tabouret à trois pattes qui bascule lorsqu'il lui manque une de ses pattes. Les trois pattes de la santé physique sont le sommeil, l'activité physique et l'alimentation.

Le sommeil

Bien que nous passions un tiers de notre vie au lit, les études sérieuses portant sur le sommeil sont relativement récentes. Le manque de sommeil est devenu beaucoup plus répandu, et nous savons désormais qu'une insuffisance de sommeil peut avoir une incidence négative sur l'humeur, le système immunitaire, la résistance à l'insuline, le degré d'hormones de stress, le taux de maladies cardiaques, les niveaux d'énergie, la prise le poids, la mémoire, les accidents de la circulation, la performance sportive et le rendement au travail.

Une bonne nuit de sommeil est constituée de deux éléments (Dement et Vaughan, 1999). Le premier est la quantité de sommeil. La plupart des adultes ont besoin de plus de huit heures de sommeil par nuit pour se sentir bien et fonctionner à leur mieux, et pourtant, l'adulte moyen dort moins de sept heures par nuit et traîne avec lui un déficit de sommeil accumulé dépassant les vingt-quatre heures.

Une seule bonne nuit de sommeil est insuffisante pour acquitter cette dette de sommeil, et en réalité, elle n'aura pour effet que de rendre la personne encore plus endormie la journée suivante. Vous pouvez déterminer vos besoins de sommeil en dormant le plus longtemps possible chaque nuit au cours d'une période de plusieurs semaines jusqu'à ce que la durée de votre sommeil se stabilise à un nombre d'heures constant. Ce nombre d'heures reflétera la quantité de sommeil dont vous avez besoin. Voici une autre méthode : supposez que vous avez besoin de 8 ¼ heures de sommeil par nuit ; si vous vous sentez encore à moitié endormi après avoir dormi ce nombre d'heures pendant plusieurs semaines, ajoutez vingt minutes ou plus.

Le deuxième élément requis pour une bonne nuit de sommeil est la régularité. Le cerveau s'occupe de réguler les rythmes du sommeil, qui déclinent à mesure que nous vieillissons. Pour maintenir la régularité des cycles de sommeil, nous avons besoin de nous réveiller et d'aller au lit à des heures régulières. Les adultes se privent généralement de sommeil durant la semaine, puis tentent de rattraper les heures perdues durant la fin de semaine. Cela bouscule les cycles de sommeil, et favorise l'insomnie et la somnolence durant le jour. Essayez d'aller vous coucher et de vous lever à la même heure tous les jours, même la fin de semaine, en évitant de modifier cet horaire de plus d'une heure d'un jour à l'autre. Si vous le pouvez, évitez les quarts de travail de nuit, souvent associés à un taux plus élevé de plusieurs maladies et à une espérance de vie inférieure à la norme. Si vos quarts de travail sont variables, demandez à la personne responsable si elle accepterait de vous affecter d'un quart de travail commençant de bonne heure à un autre plus tardif (le cerveau supporte mieux de rester debout plus tard que de se coucher plus tôt). Occupez chaque nouveau quart de travail le plus longtemps possible afin de permettre à votre cerveau de s'adapter au changement. Par exemple, vous pourriez essayer de commencer par le quart de travail de 9 h à 17 h, puis passer au quart de 17 h à 1 h, et puis enfin à celui de 1 h à 9 h. Idéalement, vous occuperiez chaque quart de travail pendant plusieurs semaines, voire plusieurs mois.

Pour vous aider à passer de meilleures nuits de sommeil, voici quelques éléments à prendre en considération :

✤ **Un examen médical** permet d'écarter ou de diagnostiquer certaines conditions pouvant nuire au sommeil ou entraîner de la fatigue durant le jour : un déséquilibre thyroïdien, le diabète, l'anémie, le bruxisme, l'hyperventilation, les brûlures d'estomac et les troubles du sommeil. Si l'on soupçonne que vous souffrez d'apnée du sommeil (ou d'un autre trouble du sommeil), demandez à votre médecin de vous soumettre à une étude du sommeil pendant une nuit afin d'en évaluer l'ampleur. L'apnée peut provoquer la somnolence durant le jour, la dépression et quantité d'autres symptômes de maladies, mais elle peut être traitée de manière efficace.

✤ **Traitez toute dépression et tout trouble d'anxiété ou de gestion de la colère,** car ils peuvent tous nuire à votre sommeil. Si vous souffrez de cauchemars récurrents, essayez de décrire ces cauchemars dans votre journal. Puis décrivez-y le dénouement que vous souhaiteriez. Répétez mentalement le nouveau rêve avec son nouveau dénouement quelques minutes tous les jours.

- **Créez une ambiance optimale pour le sommeil.** Assombrissez complètement la pièce – recouvrez tout radio-réveil qui pourrait émettre de la lumière et assurez-vous que les lueurs matinales du soleil ne pénètrent pas par vos fenêtres. Réduisez au minimum le bruit (avec des bouchons d'oreille ou du bruit blanc) et les mouvements (gardez les animaux domestiques à l'extérieur de la chambre à coucher). Maintenez un environnement de sommeil calme et apaisant dans votre chambre en l'utilisant seulement pour les activités propices à la détente. Réglez vos factures, regardez la télévision, étudiez et parlez au téléphone dans d'autres pièces de la maison.

- **Si vous semblez retirer des bienfaits des siestes, faites-en une à chaque début d'après-midi.** Cette période correspond à celle de la *siesta* pratiquée dans certaines cultures, durant laquelle la température corporelle diminue. La durée recommandée d'une sieste varie de 15 à 120 minutes, une fourchette considérable qui dépend des besoins de chaque individu. Si la sieste semble vous donner de la difficulté à vous endormir le soir, alors essayez d'éviter les siestes de manière à consolider vos heures de sommeil durant la nuit.

- **Perdez du poids en faisant de l'exercice.** Perdre à peine quelques kilos diminue le ronflement, ce qui peut également réduire les migraines durant le jour. Essayez de faire de l'exercice avant le souper de manière à laisser le temps à votre corps de se détendre avant d'aller au lit. Faire de l'exercice constitue sans doute la façon la plus efficace de réduire la durée de temps requise pour trouver le sommeil, d'améliorer la qualité du sommeil et sa durée, et de réduire le nombre de réveils durant la nuit, et ce, même chez les personnes âgées.

- **Réduisez ou éliminez votre consommation de caféine, de nicotine et d'alcool.** Ces produits perturbent le sommeil chez les individus, même lorsqu'ils ne s'en rendent pas compte. Essayez d'éviter ces excitants au moins quatre à six heures avant d'aller au lit.

- **Détendez-vous avant d'aller vous coucher.** Essayez d'avaler une collation légère composée de glucides qui contiennent une source de tryptophane (tels des craquelins avec du fromage, du yogourt sucré, de la dinde, des bananes, des flocons d'avoine, des œufs ou quelques amandes). Soupez tôt et avec modération, mais en incluant une petite portion de protéines pour éviter d'avoir faim durant la soirée. Au moins une heure avant de vous retirer pour la nuit, écrivez vos inquiétudes ou planifiez votre prochaine journée. Tamisez la lumière de vos lampes à leur niveau le plus bas et utilisez des veilleuses afin de permettre à votre cerveau de se détendre (la lumière intense indique au cerveau de rester éveillé). Débranchez le téléphone et éteignez le téléviseur au moins une heure avant d'aller au lit, puis retirez-vous lorsque vous avez sommeil, non pas quand l'horloge vous indique de le faire. Un bain chaud une heure ou deux avant d'aller se coucher favorise le sommeil.

- **Ne vous fiez pas aux somnifères.** Ayez plutôt recours à une meilleure hygiène de sommeil et à des pratiques pouvant réduire le stress et l'anxiété, qui améliorent la qualité du sommeil sans provoquer d'effets secondaires. Les programmes d'amélioration de la qualité du sommeil les plus efficaces préconisent des horaires de sommeil réguliers, recommandent aux gens de sortir du lit s'ils ne parviennent pas à s'endormir dans les trente minutes et de faire quelque chose qui n'est pas stimulant jusqu'à ce qu'ils soient prêts à essayer de retourner au lit de nouveau, incitent à réduire la consommation de liquides en soirée, à pratiquer la relaxation et la respiration abdominale, et à réduire les pensées catastrophiques (telles que «C'est affreux que je ne puisse m'endormir»). Comme l'enseignait un certain gourou: «Quand fatigué, prends sommeil.» Et souvenez-vous que seulement vingt minutes de sommeil supplémentaire par nuit peuvent améliorer votre humeur et votre rendement.

L'activité physique

Des douzaines d'études ont établi un lien entre l'activité physique et l'estime de soi (Spence, Poon et Dyck, 1997). L'activité physique affûte également l'esprit, améliore l'humeur, accroît l'énergie, combat le vieillissement et aide à prévenir une foule de problèmes de santé. Les autorités publiques recommandent au moins trente minutes d'exercice tous les jours. Pour un individu qui cherche à rester ou à devenir plutôt mince, la durée recommandée augmente de soixante à quatre-vingt-dix minutes. Ces périodes sont considérablement plus élevées que celles qui étaient recommandées auparavant, à cause notamment de l'augmentation de la sédentarité.

Réussir à faire autant d'exercice est plus simple qu'il peut sembler à première vue. Par exemple, vous pouvez faire un exercice de type aérobic modéré la plupart des journées, comme marcher, nager, faire du jogging, du vélo, du *stepping* ou du tai-chi, pendant au moins trente minutes. Si vous le pouvez, complétez cette activité par des exercices conçus pour accroître la force musculaire et l'endurance trois fois par semaine ou plus. Par exemple, vous pourriez exécuter dix répétitions de plusieurs exercices pendant une durée de dix à quinze minutes, tels que soulever des poids (en chargeant votre barre d'un poids suffisant pour vous rendre modérément fatigué), utiliser des élastiques de musculation, faire des pompes ou des redressements abdominaux. Les exercices d'étirement et d'assouplissement tel le yoga modéré peuvent s'ajouter aux exercices de résistance ou être utilisés en alternance avec ceux-ci.

Voici quelques conseils qui pourraient vous aider à entreprendre un programme d'activité physique :

- Les gains les plus importants en matière de mise en forme s'observent principalement chez les gens qui étaient sédentaires auparavant. Cependant, il est important d'entretenir des attentes raisonnables. Commencez très lentement et progressez de manière très graduelle. Si vous outrepassez vos limites, vous risquez de ne pas continuer. Donnez-vous quelques mois pour atteindre la condition physique souhaitée. Jaugez vos efforts de manière à vous sentir relativement dispos après votre activité physique, et non pas épuisé ou endolori.

- Si vous avez plus de quarante ans ou si vous éprouvez certains problèmes de santé tel le diabète, ou encore si vous présentez des facteurs de risque pour des maladies cardiaques, parlez de votre démarche à votre médecin et passez un examen médical.

- Si vous ne pouvez pas exécuter entièrement votre activité physique en un seul coup, insérez plutôt de courtes périodes d'activité physique dans votre routine quotidienne. Au travail, essayez de vous éloigner de votre poste afin de faire une marche énergétique de dix minutes à peu près toutes les quatre-vingt-dix minutes. Au lieu de prendre l'ascenseur, prenez les escaliers. Ou garez votre voiture un peu plus loin que d'habitude, de manière à marcher davantage. En regardant la télévision, vous pourriez peut-être exécuter des exercices de faible résistance ou d'assouplissement.

- Au début de votre mise en forme, ne soyez pas découragé si vous prenez un peu de poids musculaire. Les muscles pèsent plus que les graisses, mais ils brûlent les calories de manière beaucoup plus efficace. Ainsi, plus vous poursuivrez votre activité physique, plus vous deviendrez mince.

L'alimentation

La suralimentation et la sédentarité sont toutes deux associées à l'épidémie croissante d'obésité en Amérique du Nord ainsi qu'à bon nombre de maladies. Mais s'alimenter de manière intelligente peut améliorer notre humeur, notre rendement et notre énergie, tout en nous aidant à demeurer minces.

Les recommandations du Guide alimentaire canadien reflètent les nombreuses études établissant un lien entre l'alimentation et la santé. Voici le nombre de portions quotidien que le Guide alimentaire canadien (2008) recommande pour une saine alimentation, en présumant un apport quotidien d'environ 2 500 calories par jour (soit les besoins énergétiques estimatifs pour la plupart des adultes peu actifs). Pour des données plus précises qui tiennent compte de votre sexe, de votre groupe d'âge et de votre degré de sédentarité, veuillez consulter le Guide alimentaire canadien au : www.hc-sc.gc.ca/fn-an/food-guide-aliment/index-fra.php.

Pour hommes et femmes de 19 à 50 ans

Fruits et légumes. Pour les femmes : 7 à 8 portions de fruits frais, congelés ou en conserve. Pour les hommes : 8 à 10 portions. 7 à 8 portions de légumes cuits à la vapeur, au four ou sautés plutôt que frits. Pour les hommes : 8 à 10 portions. Une portion équivaut à un fruit moyen ou 125 ml (½ tasse). Mangez au moins un légume vert foncé et un légume orangé par jour. Une portion équivaut à 125 ml (½ tasse) de légumes frais, congelés ou en conserve.

Produits céréaliers. Pour les femmes : 6 à 7 portions. Pour les hommes : 8 portions. Pour consommer une portion, il suffit de manger 1 tranche de pain (35 g), ½ pain pita (35 g) ou 125 ml (½ tasse) de pâtes alimentaires, de riz ou de couscous cuit. Consommez au moins la moitié des portions sous forme de grains entiers.

Viandes et substituts. Pour les femmes : 2 portions. Pour les hommes : 3 portions. Pour consommer une portion, il suffit de manger 75 g (2½ oz) ou 125 ml (½ tasse) de viande, poisson ou volaille, 175 ml (¾ tasse) de légumineuses cuites, 2 œufs ou 30 ml (2 c. à soupe) de beurre d'arachide. Consommez au moins 2 portions de poisson chaque semaine.

Laits et substituts. Hommes et femmes : 2 portions. Pour consommer une portion, il suffit de boire 250 ml (1 tasse) de lait ou de boisson de soya enrichie ou de manger 175 g (¾ tasse) de yogourt ou 50 g (1½ oz) de fromage.

Huiles et autres matières grasses. Hommes et femmes : il suffit de consommer chaque jour une petite quantité de lipides insaturés, c'est-à-dire environ 30 à 45 ml (2 à 3 c. à soupe) pour obtenir l'apport quotidien de lipides recommandé. Cela inclut les huiles de cuisson, les vinaigrettes, la margarine et la mayonnaise.

Un coup d'œil rapide à ces recommandations montre qu'un régime alimentaire idéal tire la majorité de ses calories de sources végétales. Les aliments de source végétale fournissent des fibres, des vitamines, des minéraux, des antioxydants et des phytochimiques essentiels au maintien d'une bonne santé mentale et physique. Mangez une grande variété de fruits et de légumes de couleurs variées. De manière générale, plus la couleur d'un fruit ou d'un légume est riche et foncée, plus son niveau de nutriments est élevé. Alors recherchez surtout les sources végétales de couleur rouge, orange, jaune et vert foncé. Dans un régime sain, la plupart des céréales, voire la totalité, proviennent de sources de grains entiers (tels l'avoine, l'orge, le quinoa, le riz brun et le riz sauvage). Essayez de consommer davantage de noix, de graines ou de légumineuses presque tous les jours, voire quotidiennement. Bien que les noix et les graines puissent contenir un nombre élevé de calories, elles renferment aussi bon nombre de nutriments importants, y compris des matières grasses bonnes pour la santé, et il a déjà été établi qu'elles procurent un certain nombre de bénéfices pour la santé. Une portion de noix équivaut à 60 ml ou ¼ tasse.

Les lipides insaturés dont vous avez besoin se trouvent dans le poisson et les huiles végétales. Parmi les plus bénéfiques, on retrouve l'huile d'olive et l'huile de canola. Essayez d'éviter les gras «trans» ou hydrogénés présents dans les croustilles, les pâtisseries et les mélanges à gâteau du commerce, dans la margarine et dans les fritures qu'on sert en restauration rapide; essayez aussi d'éviter de consommer des quantités excessives de gras animal.

Si chaque jour vous vous efforcez de consommer les nutriments dont vous avez besoin, vous vous inquiéterez moins à propos des aliments que vous devriez éviter, en partie parce que vous aurez moins faim. Par exemple, les fibres contenues dans la nourriture de source végétale aident à stabiliser la glycémie, ce qui contribue à contrôler l'appétit. Mangez des aliments à haute teneur en eau ou en fibres et à faible teneur en gras, tels des fruits, des légumes, des soupes, des grains entiers, des légumineuses et des produits laitiers faibles en gras. Ces aliments plus denses et moins énergétiques nous permettent d'atteindre la satiété en absorbant moins de calories. Il est préférable de limiter votre consommation de grignotines (bretzels, croustilles, biscuits, craquelins et fruits séchés, par exemple), de frites, de bagels, de fromage, de lard fumé et de sauces à base de crème.

Voici quelques autres conseils utiles :

- Essayez de ne pas consommer moins de 1600 calories par jour. Sinon, vous risqueriez de vous priver de nutriments dont vous avez besoin, tout en ralentissant votre métabolisme et en accélérant votre prise de poids, surtout si vous ne faites pas d'activité physique.

- Buvez beaucoup de liquides tout au long de la journée, car cela peut vous aider à diminuer votre appétit et votre fatigue. Les liquides peuvent provenir de la nourriture et des boissons que nous consommons. Il est préférable cependant de restreindre votre consommation de boissons sucrées, car une seule cannette de boisson gazeuse par jour peut représenter un gain d'environ 7 kilos au bout d'une année.

- Il s'avère que les gens qui suivent un régime avec succès prennent un petit déjeuner et de quatre à cinq petits repas par jour. Ils ont également tendance à suivre un régime alimentaire faible en gras et en calories, la plupart de leurs calories provenant de glucides complexes (autrement dit, de sources végétales non raffinées). Réduisez au minimum votre consommation de glucides raffinés, tels les bonbons, boissons gazeuses sucrées, sirop de glucose riche en fructose et pain blanc.

- Préparez vos propres repas et évitez le plus possible la nourriture des restaurants. Cela vous aidera à surveiller la grosseur des portions, les gras ajoutés, ainsi que le sel et le sucre ajoutés. Lorsque vous commandez un dessert, songez à le partager. Comme la grosseur des portions au restaurant est souvent plus importante qu'à la maison, rapportez une partie de vos repas de restaurant à la maison.

- Si vous choisissez de perdre du poids, allez-y très graduellement (de ½ à un peu moins de 1 kilo par semaine), en intégrant une activité physique modérée à un choix judicieux d'aliments appropriés et de grosseurs de portions minutieusement calculées.

À quel point ces recommandations sont-elles efficaces? Des chercheurs ont déjà étudié les habitants de l'île d'Okinawa, réputés pour vivre vieux et en bonne santé. De manière générale, le régime alimentaire okinawan est conforme aux recommandations que nous avons mentionnées. En moyenne, les habitants de cette région consomment chaque jour sept portions de légumes, trois portions de fruits et sept portions de céréales de grains entiers. En termes de poids, 72 pour cent de leur régime provient d'aliments de source végétale, 11 pour cent de poisson et seulement 3 pour cent de produits animaux (viande, volaille et œufs). Dans l'ensemble, le régime okinawan est faible en gras, en sel et en sucre, et riche en glucides complexes. Les Okinawans observent la règle d'arrêter de manger lorsqu'ils atteignent 80 pour cent de leur niveau de satiété, ce qui donne une absorption moyenne d'environ 1 800 calories par jour comparativement aux quelque 2 500 calories consommées par les Américains. Les personnes âgées d'Okinawa demeurent actives autant du point de vue physique que du point de vue mental, et font des siestes. Malheureusement, on estime que les bénéfices pour la santé qui découlent du mode de vie des Okinawans finiront par s'estomper à mesure que la restauration rapide et les autres aspects de la vie moderne s'introduiront dans leur culture.

Chapitre 9

Développer son sens moral et sa spiritualité

À la manière du bonheur, l'estime de soi se cultive à partir de l'intérieur, et le processus qui nous y mène tirera des bénéfices d'un soutien et d'un effort constructif constants. Il est courant de croire que nous naissons tous avec une mesure d'ambition, un désir de grandir et d'avancer vers notre plein potentiel, et que plus nous approfondissons cette démarche, mieux nous nous sentons envers nous-mêmes. Ce chapitre explorera les voies qui mènent à l'enrichissement intérieur en se fondant sur des idées reconnues dans diverses cultures et traditions spirituelles.

Développer son sens moral

La personnalité d'un individu repose sur son sens moral. Il n'y a rien de compliqué ou d'original à vivre de manière morale ; ce n'est pas le territoire exclusif d'un groupe en particulier. Le comportement moral est simplement un comportement qui est bien, qui est approprié et qui se manifeste dans le meilleur intérêt de soi et des autres. Les gens pourvus de sens moral s'efforcent d'adhérer à leurs propres standards en dépit des pressions extérieures. La moralité implique à la fois d'éviter le mal et de faire le bien par égard à la morale en tant que telle, et ce, même lorsqu'on nous fait du mal. En rédigeant fébrilement des visas qui sauvèrent la vie de plus de 6000 Juifs aux mains des nazis, le consul japonais en Lituanie Chiune Sugihara défia son gouvernement et mit sa carrière et sa sécurité en péril. Après la guerre, il fut emprisonné par les Russes et démis de ses fonctions gouvernementales. Samouraï à qui l'on avait enseigné d'aider les gens dans le besoin, Sugihara – et sa femme – avaient décidé d'obéir à leur conscience simplement parce qu'il s'agissait de la bonne chose à faire. Durant la Deuxième Guerre toujours,

Viktor Frankl (1959) observa que plusieurs prisonniers des camps de concentration étaient devenus de véritables bêtes sauvages, tandis que d'autres démontraient le plus haut sens moral imaginable. Chaque personne, disait-il, peut choisir la meilleure voie.

La moralité ne s'impose pas, elle se choisit librement. Nous pourrions résumer ce que nous savons à propos du sens moral de la manière suivante :

- Comparativement aux gens des dernières décennies, les gens d'aujourd'hui se préoccupent moins de vivre selon des principes de moralité. Des études ont montré que, de nos jours, plusieurs personnes mentent de façon régulière et trichent dans leur milieu de travail.

- Les remords peuvent affecter notre santé mentale. La qualité de notre expérience intérieure se transforme quand nous trahissons les valeurs qui nous tiennent à cœur.

- S'engager à mener sa vie selon des principes de moralité développe l'estime de soi et d'autres traits qui s'y rattachent tels la tranquillité d'esprit, le respect envers soi, la confiance en ses moyens, la confiance en soi, un sentiment de satisfaction par rapport à la vie, ainsi qu'un sentiment de fierté et de dignité saines. Le mot « intégrité » évoque un sens de plénitude.

- Les gens vertueux ont moins à craindre, car ils sont exemptés davantage de toute forme de condamnation de la part des autres ainsi que d'eux-mêmes. Ils sont plus susceptibles d'être estimés, surtout s'ils ne portent pas de jugements envers les autres. Au cœur de la tranquillité d'esprit que procure la vertu, nous pouvons apercevoir l'image de notre propre esprit de sagesse.

- Carl Jung a déjà dit que sans liberté, la moralité ne pouvait pas exister. Nous pourrions inverser cette affirmation pour dire que sans moralité, il subsiste très peu de liberté en nous. En d'autres termes, sans moralité, nous risquons davantage de nous replier sur l'agressivité, l'égoïsme, l'avarice ou les appétits malsains.

- À la base de la moralité se trouvent l'amour et le désir de vivre en harmonie avec soi-même et avec les autres. L'amour envers soi, la préoccupation de tous les êtres et le désir de rendre le monde meilleur mènent à un comportement moral. Comme l'enseignait Bouddha, si nous nous aimons véritablement, nous ne ferons pas de mal aux autres, car faire du mal aux autres détruit notre propre paix. Chaque individu peut s'astreindre à atteindre ses objectifs personnels sans marcher sur les autres. Nous pouvons plutôt tenter d'aider les autres pendant que nous progressons.

- Le sens moral requiert un entraînement constant. Comme le disait Chambers (1963), nous ne pouvons pas prendre congé de la moralité et être encore moral.

Le doyen John Burt (communication personnelle) en était arrivé à la conclusion que l'estime de soi requiert une approbation de soi sur le plan moral. Comme il est difficile d'approuver sa conduite si l'on s'inflige du mal ou si l'on fait souffrir les autres, il est plus sage d'éviter la souffrance et de chercher à faire le bien pour soi et pour les autres. De plus, un comportement indifférent risquant d'entraîner l'étiquette d'insignifiant, il est également plus sage de s'efforcer de faire le bien de manière active.

RÉFLEXIONS

Les pensées suivantes, qui proviennent de plusieurs cultures, vous inspireront peut-être quelques réflexions :

> « Le bonheur n'est pas constitué de passe-temps et de divertissements, mais bien d'activités vertueuses. » (Aristote)

> « Personne ne peut vous apporter la sérénité sauf vous-même. Rien ne peut vous apporter la sérénité sauf le triomphe des principes. » (Ralph Waldo Emerson)

> « Toutes les créatures de Dieu font partie de Sa famille ; et celui qui fait le plus de bien aux créatures de Dieu sera le bien-aimé de Dieu. » (Mahomet)

> « Le sens moral ne peut pas se développer dans la facilité et le silence. Ce n'est qu'à travers l'expérience des épreuves et de la souffrance que l'âme peut se renforcer, que l'ambition peut naître et que le succès peut s'accomplir. » (Hellen Keller)

> « L'argent et l'or ne sont pas les seules pièces ; la vertu aussi est une valeur sûre partout dans le monde. » (Euripide)

> « La dignité humaine… peut seulement s'accomplir dans le domaine moral, et les accomplissements moraux se mesurent selon le degré à partir duquel nos actes sont

motivés par la compassion et l'amour, et non par la cupidité et l'agressivité.» (Arnold J. Toynbee)

«Le caractère, c'est le pouvoir.» (Booker T. Washington)

«Oh, quel enchevêtrement confus nous créons quand nous commençons à tromper avec intention.» (Sir Walter Scott)

«Tant que j'écoute ma conscience, je me sens en paix.» (Tim Blanchette)

Attardez-vous maintenant aux questions suivantes, soumises par Thomas G. Plante (2004):

- Feriez-vous confiance à une entreprise vous ayant menti ou ayant fait preuve de tricherie envers vous?
- Racontez-vous des «petits» mensonges?
- Une personne vous surprenant à mentir pourrait-elle vous faire confiance par la suite?
- Quand devient-il nécessaire de compromettre votre intégrité en mentant? La personne à qui vous vous adressez serait-elle blessée profondément par une réponse honnête, mais formulée avec tact, à une question du genre: «Dis-moi ce que tu penses de ma nouvelle tenue.» Si elle vous entend répondre «Je ne pense pas que cette couleur t'aille bien», y a-t-il un risque qu'elle n'ait plus confiance en vos opinions à l'avenir? Est-il plus sage, à long terme, de dire «Après le travail, je me suis arrêté pour prendre un verre» (même si cela pourrait exiger des excuses ou une

explication) que de mentir en disant «J'ai fait des heures supplémentaires»?

- Avez-vous davantage confiance en vous lorsque vous faites la bonne chose?
- Si vous agissiez toujours de manière honnête et faisiez la bonne chose plus souvent, ressentiriez-vous davantage de satisfaction envers vous-même?

Exercice: L'inventaire des qualités morales

Certaines qualités courantes sont estimées dans pratiquement toutes les sociétés et cultures. Le développement moral n'exige pas que nous nous fassions imposer les valeurs d'une autre personne, mais plutôt que nous nous engagions envers les valeurs que nous souhaitons adopter pour qu'elles nous gouvernent dans notre meilleur intérêt et celui des autres. La liste qui suit présente les qualités morales les plus communément appréciées. Veuillez effectuer cet exercice de façon détachée sans vous juger ni vous faire des reproches.

1. Évaluez dans quelle mesure vous faites preuve des qualités morales suivantes sur une échelle de 0 à 10, 0 signifiant que cette qualité vous est tout à fait étrangère et 10 indiquant que vous vous comportez selon cette qualité le mieux possible.

__________ Honnêteté, droiture

__________ Impartialité

__________ Respect envers soi-même

__________ Respect envers les autres

__________Justice

__________Tolérance, acceptation des différences

__________Courtoisie

__________Serviabilité, altruisme, générosité, assistance aux autres

__________Honneur, intégrité

__________Ponctualité (ne pas faire attendre les autres)

__________Loyauté, fidélité

__________Capacité à respecter les confidences

__________Responsabilité, fiabilité (faire ce que l'on attend de nous, ce pour quoi nous sommes payés et ce à quoi nous nous sommes engagés)

__________Courage

__________Modération (éviter les excès de dépenses, de jeu, de nourriture, de drogues, etc.)

__________Souci environnemental (récupération, économie d'énergie, contrôle de sa consommation d'essence, ne pas polluer, etc.)

__________Attention, bienveillance, prévoyance, considération (répercussions de son propre comportement chez les autres)

__________Modestie

__________ Humilité

__________ Décence sexuelle (respect du partenaire, ne pas exploiter ou manipuler le partenaire)

__________ Tact

__________ Absence de malice (ne pas faire de mal aux autres de façon verbale ou physique)

2. Encerclez chaque qualité que vous souhaiteriez développer davantage.

3. Parmi les qualités encerclées, choisissez-en deux ou trois qui vous semblent les plus importantes, puis attardez-vous aux points suivants :

Pensez à des moments où, plus jeune, vous vous êtes retrouvé dans une situation où vous deviez faire preuve de ces qualités. Comment avez-vous agi ? Qu'avez-vous ressenti ?

Votre conscience est-elle désormais en paix par rapport à ces qualités ? Sinon, que faudrait-il pour que vous obteniez cette paix ?

4. Choisissez l'une de qualités puis, au cours du prochain mois, mettez-la en pratique. Engagez-vous à établir une stratégie. Mettez cette stratégie en œuvre dès maintenant par des petits gestes de manière à pouvoir faire preuve de cette qualité plus tard sous pression.

5. Au cours des mois suivants, engagez-vous à développer d'autres qualités morales de façon semblable, une qualité à la fois.

Sharon Salzberg (2004) suggère d'observer au moins cinq règles de base qui peuvent nous aider à développer des qualités morales de façon graduelle : s'abstenir de mentir (et d'employer un langage dur), de voler (prendre ce qui ne nous est pas donné), de tuer ou de recourir à la violence physique, d'utiliser l'énergie sexuelle d'une façon qui cause du tort et de nous intoxiquer (ce qui nous rend moins aptes à contrôler nos gestes).

Pourquoi t'empresses-tu d'enlever la poussière que tu as dans l'œil, alors que si quelque chose affecte ton âme, tu repousses le traitement jusqu'à l'an prochain ?

— Horace

Se pardonner

La condition humaine présente un dilemme. Nous nous sentons certainement mieux lorsque nous vivons de manière honorable et constructive. Et pourtant, nous sommes humains, ce qui implique que nous ne sommes pas parfaits et qu'inévitablement nous faisons des choix qui ne sont pas honorables et constructifs, en commettant parfois des actes qui font du mal, à nous et à d'autres. En termes différents, nos comportements n'arrivent pas à la hauteur de nos aspirations, et nous commettons des erreurs. Si nous nous attardons aux écueils et que nous en venons à la conclusion qu'il n'y a aucune rédemption possible, notre estime de soi et notre motivation à nous améliorer en souffriront. Or, nous pardonner nous fournit un moyen de nous sortir de ce dilemme. Nous pardonner nous aide à recommencer avec un nouvel entrain en dépit de nos erreurs. Auparavant, le pardon était considéré comme important uniquement pour le bien-être spirituel.

Cependant, des études récentes ont montré que le pardon procure également divers bénéfices psychologiques et médicaux. Comme vous pourrez le constater dans l'histoire qui suit, le pardon peut aussi receler d'autres bienfaits.

Une dame âgée se dirigeait vers sa camionnette après avoir effectué des courses au supermarché. Au moment de s'approcher de son véhicule, elle aperçut quatre jeunes hommes à l'intérieur. Déposant ses sacs, elle sortit un pistolet de son sac à main et s'écria: «J'ai un pistolet et je sais comment m'en servir.» Les hommes prirent rapidement la fuite. La femme monta à bord de la camionnette, mais elle tremblait tellement qu'elle ne put insérer la clé dans le contact. Quand elle se fut enfin suffisamment calmée, elle prit conscience que ce n'était pas sa camionnette. Elle en ressortit et repéra sa propre camionnette, stationnée à proximité. Elle se sentit si mal qu'elle se rendit au poste de police et expliqua au policier ce qu'elle venait de faire, tout en s'excusant à profusion. Le policier sourit et lui dit: «Ce n'est pas grave, madame. Vous voyez ces quatre jeunes hommes, là? Ils viennent tout juste de nous rapporter avoir été agressés par une dame grisonnante folle et armée.» Les jeunes hommes laissèrent tomber leur plainte. Parfois, lorsque nous ne faisons qu'essayer d'avancer dans la vie en nous démenant avec les nombreuses situations et choix déroutants qu'elle nous inflige, nous prenons de mauvaises décisions. Lorsque cela nous arrive, le pardon est bénéfique.

QU'EST-CE QUE LE PARDON?

Pardonner, c'est choisir de se libérer du ressentiment, de la colère, de l'amertume, de la haine et du désir de punir ou de venger les offenses ou les méfaits du passé. Nous pouvons choisir de pardonner même quand la personne qui nous a offensé ne le mérite pas.

Pourquoi le faisons-nous ? Nous pardonnons de manière à dissoudre nos attaches avec notre passé. Même si une offense subie au cours de notre vie relève peut-être d'un passé fort lointain, nous continuons souvent de nous battre avec le souvenir, ce qui devient un fardeau lourd et encombrant qui nous empêche d'avancer. Au cours de ce conflit interne, nous jugeons peut-être le malfaiteur par rapport au degré de sa méchanceté. Nous mijotons peut-être notre revanche ou un moyen de punir la personne qui nous a offensé. En pardonnant, nous nous retirons du conflit. Nous nous libérons du passé en constatant que punir, prendre sa revanche et juger n'ont pas de pouvoir guérisseur. Nous cessons d'exiger que le passé soit d'abord transformé pour que nous puissions de nouveau être heureux et nous assumons plutôt la responsabilité de notre état de bonheur actuel. Paradoxalement, en nous délestant de ce fardeau, nous acquérons plus de contrôle sur notre vie.

Nous pardonner est tout aussi important. Si nous ne sommes pas capables d'accepter nos propres erreurs passées, alors nos expériences actuelles deviennent teintées de honte – nous ne voyons que le mal en nous. Une telle conception de soi sape tout sentiment de joie dans le cheminement de notre vie : aucun plaisir ne découle d'un acharnement dans la culpabilisation envers soi, d'un mépris ou de reproches envers soi. La honte draine l'énergie dont nous avons besoin pour répondre de façon entière aux besoins des autres. Il est difficile d'être sensible aux besoins des autres lorsque nous sommes concentrés sur nos propres plaies ou diminués par celles-ci. Nous pensons peut-être que revivre constamment l'offense l'empêchera de se reproduire, mais en réalité, une telle reconstitution risque de diminuer notre capacité à vivre sainement.

Pardonner ne signifie aucunement :

Tolérer, excuser ou considérer l'offense avec une complaisance détachée. En fait, quand nous pardonnons, nous assumons la responsabilité de nous améliorer et de nous assurer que l'offense ne sera pas répétée.

Oublier complètement. Au contraire, nous voulons sauvegarder la leçon, mais en nous libérant des émotions douloureuses.

Banaliser les dommages causés. Comprendre les dommages causés nous aide plutôt à éviter une répétition de l'offense.

Laisser les offenses se poursuivre. Nous ne pouvons pas contrôler les choix des autres individus par rapport à leurs comportements. Cependant, nous pouvons nous assurer que notre propre comportement change. En effet, si nous voulons être heureux, nous devons faire de notre mieux afin de nous assurer que nous ne causons pas de mal.

Se réconcilier ou faire confiance à la personne nous ayant offensé. Lorsque le malfaiteur est quelqu'un d'autre, il n'est peut-être pas sage de se réconcilier si cette personne est susceptible de commettre la même offense. Cependant, se réconcilier avec soi-même et rétablir la confiance envers soi sont les premiers objectifs à atteindre après nous être pardonnés.

LES ÉTAPES ÉLÉMENTAIRES DU PARDON ENVERS SOI

Comme le disait Confucius: «Plus un homme en sait, plus il pardonne.» Les étapes suivantes peuvent vous aider à appliquer la notion du pardon envers soi.

1. Reconnaissez le mal que votre comportement a causé aux autres et à vous-même. Réfléchissez à cette idée et considérez-la d'une manière bienveillante et sans jugement. Attribuez la responsabilité pour l'offense d'une manière réaliste. Par exemple, une victime de viol pourrait se blâmer entièrement en pensant avoir été négligente. Un point de vue plus réaliste serait que le malfaiteur était responsable du crime, et non la victime.

2. Autant que possible, faites amende honorable (vous excuser, remettre ce que vous avez pris, etc.).

3. Engagez-vous à vivre de manière aussi honorable et constructive que vous le pouvez, en utilisant toutes vos connaissances actuelles. C'est quelque chose que tout le monde peut faire. Soyez conscient que l'avenir est un territoire inexploré et que certaines mauvaises surprises vous attendent inévitablement au détour.

4. Faites de la culpabilité une alliée. La culpabilité est une émotion merveilleuse qui nous alerte quand quelque chose se déroule de manière que nous ne puissions pas nous sentir en paix avec notre conscience. Sans conscience, la moralité ne pourrait pas exister. Alors nous pouvons accueillir la culpabilité de façon cordiale, de la même manière que nous le ferions pour toutes les autres émotions. Une fois que nous avons réagi au sentiment de culpabilité, celui-ci vient d'accomplir son travail et nous pouvons le relâcher. Hayes (2005, 193) rappelle que nous ne bénéficions pas d'un guide du propriétaire, alors «veuillez décliner respectueusement l'invitation de votre esprit à vous asséner quelques coups sur la tête pour ne pas avoir su ce qui se trouvait à l'intérieur du guide du propriétaire dont vous n'avez d'ailleurs jamais reçu d'exemplaire... Vous avez fait de votre mieux à cet instant de votre vie. Désormais, vous en savez davantage.»

5. Jugez les comportements, et non la valeur intrinsèque. N'oubliez pas que ce que vous êtes au cœur de votre moi intrinsèque est plus vaste que l'ensemble de toutes vos décisions, de vos mauvais choix ou de vos écarts de conduite. Une mauvaise décision prise un jour quelconque ou durant une période en particulier ne constitue pas l'essentiel de ce que vous êtes. Un écart de conduite ne signifie pas que nous ne pouvons pas corriger notre tir et revenir sur la bonne voie, et il ne signifie pas non plus que notre valeur intrinsèque est perdue. Les écarts de conduite ne nous définissent pas ou n'invalident pas notre valeur intrinsèque; ils ne font que souligner les points à améliorer. Nous pouvons accepter les erreurs comme faisant partie de notre histoire et continuer d'avancer dans la vie. En nous pardonnant, nous reconnaissons que nous avons la capacité de changer et de reprendre possession de la bonté présente en nous.

6. Soyez prêt à vous sentir sans cesse imparfait. Être imparfait, comme nous le sommes tous, n'enlève rien à notre valeur et ne nous empêche pas à jamais d'essayer de recommencer. L'erreur est humaine. Il est malveillant de se faire des reproches pour avoir commis des erreurs. Si vous trébuchez en empruntant une voie que vous estimez, il ne peut être que dévastateur de vous dire: «Tu vois, je savais que je ne serais pas capable.» Cela n'est pas qui vous êtes; ce n'est qu'une pensée. Il vaudrait bien mieux accepter la déception et vous dire: «Les individus imparfaits trébuchent; je peux me relever et reprendre la route.»

7. Entretenez l'esprit du novice. Nous dire «Je ne suis bon à rien» nous attache au passé d'une façon négative et limitée. L'esprit du novice nous laisse ouverts à qui nous sommes et à ce que nous pourrions devenir. Ce point de vue ne se limite pas à ce que nous avons fait dans le passé; il nous motive plutôt à reprendre contact avec la vie d'une façon productive.

8. Continuez à faire le bien. Réfléchissez aux bonnes choses que vous avez accomplies dans le passé. Continuez à faire ces choses-là.

9. Pardonnez à la personne coupable. Il est dit qu'aucun individu sain d'esprit ne causera volontairement du mal. Un individu qui fait du mal souffre peut-être ou ignore peut-être comment satisfaire ses besoins de façon constructive. Si vous avez fait de votre mieux pour corriger l'offense et modifier votre parcours afin d'être moins susceptible de répéter les mêmes gestes, accordez-vous le pardon.

SOYEZ UN BON PARENT ENVERS VOUS-MÊME

Certains individus sont trop indulgents envers eux-mêmes et considèrent des actes extrêmement dommageables qu'ils ont commis de façon désinvolte. D'autres (dont vous faites peut-être partie, puisque vous avez choisi de lire ce livre) sont trop durs envers eux-mêmes. Mais peu importe notre passé, nous pouvons apprendre à devenir de bons parents envers nous-mêmes. Une façon d'y parvenir consiste à apprendre à nous occuper de nous lorsque nous ressentons de la douleur à propos d'un incident qui s'est déroulé dans le passé. Réfléchissez au dialogue interne suivant qu'un parent pourrait avoir au sujet d'une fille bien-aimée qui se sent mal après avoir commis une erreur.

Question : Pourquoi a-t-elle fait cela ?

Réponse : Parce qu'elle est imparfaite.

Question : Mérite-t-elle le pardon ?

Réponse : Pas vraiment. Elle est coupable de cette offense.

Question : Mérite-t-elle une forme de punition ?

Réponse : Oui, s'il faut que justice soit faite.

Question : Puis-je lui faire entièrement confiance pour qu'elle adopte un comportement parfait et ne commette plus jamais d'erreurs ?

Réponse : Non, mais la connaissant bien, je suis à peu près certain qu'elle fera de son mieux pour éviter de répéter cette erreur.

Question : Est-ce que je veux qu'elle souffre perpétuellement pour cette erreur ?

Réponse : Non.

Question : Pourquoi pas?

Réponse : Parce que je l'aime et que je veux qu'elle s'améliore et soit heureuse. Un sentiment de culpabilité qui perdurerait ne ferait que la restreindre.

Question : Alors, quelle est la meilleure chose à faire?

Réponse : Au lieu de lui faire des reproches et de faire une fixation sur ses défauts, je vais la remettre dans le droit chemin et la libérer pour qu'elle apprenne et grandisse. Bref, je lui pardonne.

Relisez ce dialogue, mais cette fois, remplacez le mot «elle» par «moi» ou «je».

LA CULPABILITÉ ET L'ORGUEIL AUTODESTRUCTEUR

Un certain genre d'orgueil défaitiste peut nous laisser cramponnés à la culpabilité. Vous trouverez ci-dessous les réflexions de l'orgueil défaitiste assorties de leurs réparties:

«Les autres font ce genre de choses, mais je suis meilleur que les autres et j'aurais dû savoir.»

Pourquoi aurait-il fallu que vous sachiez? Vous attendiez-vous à être encore plus parfait qu'en réalité? Vous pourriez accepter que vous êtes imparfait, comme tout le monde. Vous pourriez cesser de vous juger et de vous condamner, et vous attarder plutôt à améliorer vos aptitudes ou votre comportement. Vous pourriez cesser de vous comparer aux autres et vous concentrer simplement sur vos choix et vos actions présentes. Laissez l'*ego* et le jugement se dissoudre en faveur de l'amour-bonté.

«À force d'essayer, je serai parfait et à la hauteur de mon image idéalisée.»

Si vous essayez très fort, vous serez susceptible de réaliser votre potentiel, mais vous n'atteindrez jamais tout à fait la perfection. Les humains sont ainsi faits. Libérez-vous de la culpabilité qui nous mène à dire: «Je ne suis bon à rien et je ne m'améliorerai jamais.» Oui, commettre une erreur signifie que nous sommes faillibles. Notre valeur néanmoins est toujours infinie, et nous sommes toujours capables de surmonter nos erreurs et de modifier notre parcours.

«Quelqu'un qui n'atteint pas parfaitement ses objectifs ne mérite pas de ressentir de la satisfaction. Cette personne devrait être punie.»

Encore une fois, un individu qui n'atteint pas son idéal ne fait que démontrer qu'il est faillible, ce qui ne devrait jamais l'empêcher de faire une autre tentative et d'éprouver un sentiment de satisfaction. Nous pouvons ressentir de la satisfaction en sachant que nous nous efforçons de faire la bonne chose de la meilleure façon que nous connaissons. Tout le monde souffre déjà d'avoir des défauts. Nous pouvons apprendre à considérer cette souffrance avec compassion au lieu de nous juger, de nous punir et de nous condamner. La compassion est une source de motivation beaucoup plus efficace.

IL EST DIFFICILE DE PARDONNER

Il peut être difficile de pardonner une offense parce que l'esprit préoccupé par la résolution de problèmes veut régler les problèmes et s'en débarrasser. Cette approche fonctionne à merveille pour les problèmes externes d'ordre concret, comme une crevaison. Elle ne fonctionne habituellement pas pour les problèmes de source interne, tel le souvenir d'un événement de notre passé. Nous devons parfois être guéris pour nous libérer des anciennes offenses qui nous ont affectés intérieurement, et certains croient qu'une assistance divine facilite ce processus. Ceux qui ont un penchant pour la spiritualité trouveront peut-être un réconfort dans l'histoire qui suit, que j'appelle la «Parabole des plaquettes de microscope brisées» (Shupe, 2006). Un certain dimanche, dans une petite église de campagne du Maine, un pasteur rassembla les enfants autour de lui et leur raconta cette histoire:

Lorsque j'étais un jeune garçon à l'école primaire au Colorado, notre professeur nous a dit: «Pour la récréation, emportez vos manteaux. Vous n'aurez pas la permission de revenir les chercher.» Pas de problème, me suis-je dit, je n'aurai pas froid. Une fois à l'extérieur cependant, j'ai commencé à avoir très froid. J'avais vraiment peur de retourner dans la classe, mais j'en étais parvenu à la conclusion qu'il était préférable de risquer de subir les foudres de mon professeur que de geler à mort, et j'étais clairement en train de geler à mort. Alors je me suis faufilé dans la classe. Au fond de la penderie où les manteaux étaient accrochés, j'ai empoigné le mien et l'ai tiré vers le bas. Le manteau est tombé, mais avec lui, dans un grand fracas, une boîte de plaquettes pour microscope flambant neuves, qui se sont brisées en morceaux et se sont répandues partout sur le plancher. J'ai couru rapidement à l'extérieur.

Dès que nous avons été revenus à l'intérieur, le professeur nous a demandé: «Quelqu'un ici sait qui a brisé ces plaquettes. Quelqu'un peut-il me dire de qui il s'agit?» Je n'ai fait que laisser ma tête pendre et j'ai gardé le silence le restant de la journée. En revenant à la maison, je me sentais vraiment mal, et ma mère savait que quelque chose n'allait pas, mais je ne lui ai rien dit. Enfin, n'en pouvant plus de supporter tout cela, je lui ai raconté l'histoire. Elle m'a dit: «C'est bien. Raconte simplement à ton professeur ce qui est arrivé et propose-lui de rembourser les plaquettes.» À cette époque, je recevais seulement vingt-cinq cents d'allocation par semaine et j'avais calculé que j'aurais trente-sept ans au moment où j'aurais fini de payer. Mais je suis entré en classe et j'ai dit au professeur: «J'étais tout simplement frigorifié et j'ai essayé de prendre mon manteau; je n'ai pas fait exprès de briser les plaquettes et j'étais trop gêné de vous le dire, mais je vais vous donner mon allocation de vingt-cinq cents par semaine au complet.»

À ce moment-là, le professeur a déformé considérablement la réalité. Il m'a dit: «J'ai remarqué que seulement deux plaquettes ont été brisées, alors tu peux payer cinquante cents et ça couvrira les dommages.» J'avais exactement cinquante cents en banque et j'ai été extrêmement soulagé.

Morale de l'histoire: Dieu dirige une entreprise d'amour et de pardon. Ne présumez jamais avoir agi d'une façon à ce point mauvaise que Dieu ne puisse vous pardonner et vous aimer. Lorsque vous commettez une erreur, ne vous éloignez pas de Dieu. Tournez-vous plutôt vers Lui avec votre fragilité afin d'éprouver le pouvoir guérisseur de Son amour et de Sa miséricorde.

La pensée selon laquelle Dieu ne pardonne pas aux gens à cause de leurs erreurs n'est qu'une pensée.

Exercice : Le pardon envers soi

L'activité qui suit associe les capacités de la pleine conscience à celles de la thérapie de l'acceptation et du changement qui ont été présentées au cours des chapitres précédents. N'oubliez pas qu'essayer d'effacer un souvenir ne fonctionne habituellement pas très bien. Au lieu d'agir ainsi, nous pouvons essayer la méthode dite de pleine conscience qui consiste à laisser le souvenir pénétrer complètement notre conscience, puis à le considérer avec compassion.

1. Déterminez un écart de conduite (décision, comportement ou écueil) qui vous tracasse encore.

2. Dressez une liste des pensées qui en découlent (comme «Je ne suis bon à rien» ou «C'était tellement stupide d'avoir agi ainsi»). Faites cela sans juger ou réagir de manière émotionnelle. Tout ce que vous pensez et ressentez est bien. Acceptez pleinement la souffrance que vous vous êtes infligée et que vous avez fait subir aux autres.

3. Réduisez chaque pensée à un seul mot ou deux pouvant décrire le sentiment qui en découle. Cet exercice pourrait ressembler à ceci :

Pensée	**Sentiment**
«Je ne suis bon à rien.»	Mauvais
«Je suis tellement déçu de moi.»	Déçu

Pensée	Sentiment
«J'ai peur que cela se sache.»	Gêné
«J'ai perdu mon innocence.»	Honte
«J'ai perdu le goût d'avoir du plaisir.»	Insensible
«J'ai fait du mal à quelqu'un.»	Triste
«J'ai perdu la confiance que ma famille avait en moi.»	Deuil

4. Souvenez-vous de l'exercice «Lait, lait, lait» du chapitre 3. Au cours de cet exercice, vous avez ressenti pleinement la notion du lait dans votre esprit, puis vous avez répété le mot «lait» à voix haute aussi souvent que possible en l'espace de quarante-cinq secondes. Les gens qui font cet exercice remarquent habituellement que la signification du mot finit par s'estomper et que le mot devient simplement un son. Maintenant, retournez au premier mot qui désigne un sentiment dans votre liste à l'étape 3 puis accueillez-le dans votre conscience avec une acceptation et une bienveillance complète. Répétez le mot à voix haute autant de fois que vous le pouvez pendant une période de quarante-cinq secondes.

5. Répétez la séquence avec chacun des autres mots qui désignent des sentiments. Ne jugez pas les sentiments ou n'essayez pas de vous en départir.

6. Lorsque vous avez terminé, revenez à un sentiment de calme. Avec un cœur aimable et ouvert, laissez le souvenir qui vous a tracassé venir en vous en le considérant de façon détachée, en même temps que tous les sentiments, les pensées et les sensations qui en découlent, à l'intérieur du vaste amour-bonté de l'esprit de sagesse. Respirez au cœur du souvenir, puis laissez-le se reposer en vous.

7. Lorsque vous êtes prêt, expirez puis relâchez le souvenir, en laissant la conscience de celui-ci se dissoudre au moment où vous expirez.

8. Formulez l'intention de pardonner. Dites-vous ce qui suit dans votre esprit :

Pour toutes les fois où j'ai échoué par rapport à mes exigences et où je me suis fait du mal ou en ai causé à d'autres, je demande pardon. Je cherche à guérir de manière à ne pas faire de mal aux autres et à être heureux et utile.

Que je sois entier. Que je sois pardonné. Que je sois libéré de la douleur. Que je progresse. Que toute personne ayant été blessée par mon entremise se sente entière et heureuse. Qu'il ou elle progresse.

La sagesse me dit que je ne suis rien. L'amour me dit que je suit tout.

— Nisargadatta Maharaj

Pardonner aux autres

Il est stressant de continuer à ressentir de la colère et de l'amertume en raison des offenses du passé commises par d'autres. De tels sentiments camouflent notre véritable entité. De la même façon que le pardon envers soi, le pardon envers les autres nous dispense de traîner un poids accablant et nous permet de ressentir notre moi intrinsèque de manière plus favorable. Pardonner constitue une action bienveillante à réaliser envers soi ; cela constitue aussi une action bienveillante à réaliser envers les autres. Il arrive parfois – pas toujours cependant – que le pardon aide l'offenseur à changer. Au cours des émeutes raciales de Los Angeles en 1992, Reginald Denny fut traîné à l'extérieur du camion qu'il conduisait, battu, puis blessé gravement. Bien qu'il fût en colère, il expliqua qu'il aimait véritablement son offenseur, puis il embrassa les parents de celui-ci. La mère de l'offenseur expliqua que la réaction de Denny avait eu pour effet d'entamer, chez son fils, un processus d'assouplissement de sa colère.

Bien que pardonner à un offenseur ne suffise peut-être pas à changer cette personne, cela demeure une démonstration de force morale qui transforme l'expérience de celui qui pardonne. Le Dalaï Lama expliqua un jour que les moines tibétains qui avaient été torturés par les Chinois ne souffraient habituellement pas de trouble de stress post-traumatique. Cela s'explique par le fait que les moines avaient considéré leurs offenseurs comme des gens qui souffraient et qu'ils avaient réagi avec compassion envers eux, ainsi qu'envers eux-mêmes.

Exercice : La chandelle du pardon

La stratégie suivante (Eifert, McKay et Forsyth, 2006) est fort efficace et peut vous aider au cours du processus difficile du pardon. Les auteurs expliquent que nous ne pouvons pas développer de la compassion si nous fuyons ce que nous ressentons. Essayez de passer au moins quinze minutes par jour à faire cet exercice.

Allumez une chandelle, puis assoyez-vous confortablement en adoptant la position de méditation (les pieds à plat sur le sol, la colonne confortablement droite, le haut du corps détendu, les mains reposant sur vos genoux). Laissez vos yeux simplement observer la flamme de la chandelle.

Pendant que vous contemplez le vacillement de la flamme, prêtez attention au mouvement délicat qui accompagne l'entrée et la sortie de votre respiration à l'intérieur de votre poitrine et de votre ventre. À la manière du mouvement des vagues de l'océan, votre respiration est toujours là. Remarquez son rythme à travers votre corps. Prêtez attention à chacune des respirations. Concentrez-vous sur chaque inspiration… puis expirez. Remarquez les différents modèles de sensations dans votre ventre quand vous inspirez, et quand vous expirez. Prenez quelques instants pour ressentir les sensations physiques quand vous inspirez et expirez.

Étape 1 : Reconnaissez le mal et la souffrance en dessous de la colère

Maintenant, permettez à votre conscience de se déplacer vers une situation récente où vous êtes devenu fâché. Voyez si vous pouvez visualiser la scène au complet. Que s'est-il passé ? Qui d'autre y était ? Observez la chandelle tandis que vous reconnaissez la situation colérique se dérouler dans l'œil de votre esprit. Concentrez-vous sur votre respiration pendant que vous voyez la situation se dérouler. À chaque respiration lente, voyez si vous pouvez ralentir un peu la situation colérique, comme un film projeté au ralenti. Ce faisant, prêtez attention à toute sensation d'inconfort qui survient. Du mieux que vous le pouvez, présentez une attitude de permissivité généreuse et d'acceptation bienveillante à votre expérience actuelle. Voyez si vous pouvez créer un espace pour la douleur et la peine que vous avez ressenties à ce moment-là, et que vous revivez peut-être en ce moment. Laissez-vous imprégner par ce sentiment... alors que vous inspirez... et que vous expirez... vers l'intérieur et vers l'extérieur. N'essayez pas de combattre ce que vous ressentez. Ouvrez-vous à l'expérience dans son ensemble : la peine, la douleur, la tristesse, les remords, la perte et le ressentiment. Permettez-vous de devenir plus conscient de votre peine et de vos émotions douloureuses (sentiments de peur, d'abandon, de solitude, d'inaptitude ou de vous être senti déprécié par vous-même ou les autres), et reconnaissez simplement la peine ressentie et la peine que vous avez peut-être causée. Ne blâmez pas. Reconnaissez, tout simplement, et devenez conscient de votre expérience.

Étape 2 : Séparer les gestes blessants de votre peine et de sa source

Visualisez la personne qui vous a fait du mal. Dès que vous commencez à visualiser cette personne, laissez son image dériver vers la chandelle et devenir la chandelle. Concentrez-vous sur la chandelle comme si c'était la personne qui vous avait fait du mal, et rappelez-vous ce qui s'est passé. En vous concentrant sur la chandelle, prêtez attention à ce que fait votre esprit, qui détient le mécanisme du langage, et aux sensations qui surgissent. Vous verrez peut-être votre esprit livrer un jugement... blâmer... et s'attarder à des sentiments de tristesse... d'amertume... de ressentiment. Au moment où ces pensées et d'autres, accompagnées de sensations, pénètrent votre conscience, ne faites que leur apposer une étiquette – «Il y a jugement... blâme... tension... ressentiment» – et laissez-les simplement exister. Laissez un état de conscience doux et bienveillant imprégner votre douleur et votre peine pendant que vous inspirez... et que vous expirez... inspirez... et expirez... lentement, et profondément.

Ensuite, aménagez un espace entre les actes ayant provoqué votre peine et votre colère et la personne qui les a commis. Si cela peut vous aider, vous pouvez concevoir la flamme comme étant l'acte qui vous a blessé et la tige de la chandelle comme étant la personne qui vous a fait du mal. Prêtez attention à la différence entre la flamme et la chandelle. La flamme n'est pas la tige de la chandelle. Les actes de la personne qui vous a blessé sont distincts de la personne qui les a commis. Au moment d'inspirer et d'expirer, donnez-vous le temps de prendre conscience de cette différence. Ramenez chaque geste douloureux à l'intérieur de la flamme, l'un après l'autre, et prêtez attention à chacun d'entre eux, apposez-leur une étiquette, puis voyez la différence entre l'acte blessant et la personne qui l'a commis. Visualisez les actes commis et non pas la personne responsable.

Ensuite, après avoir passé un certain temps à remarquer les actes, l'un après l'autre, laissez-les disparaître avec la chaleur s'échappant de la flamme de la chandelle. Continuez d'observer toute tension, inconfort, colère, peine ou tout autre signal envoyé par votre corps. Pendant que vous retournez votre attention vers votre corps et votre respiration, aménagez-vous un espace pour ce que vous ressentez. Ne changez rien ou ne remédiez à rien.

Étape 3 : Présentez un témoin compatissant à votre peine

Ensuite, ramenez votre attention vers l'être humain symbolisé par la chandelle – la personne responsable du tort que vous avez subi. Prêtez attention au fait que cette personne est aussi vulnérable au mal que vous. D'un point de vue strictement humain, vous êtes à peu près semblables. Voyez si vous pouvez parvenir à adopter son point de vue en tant que témoin compatissant – voir à quoi la vie pourrait bien ressembler à travers les yeux de cette personne.

Rattachez-vous à ses difficultés, à ses pertes, à ses occasions ratées, à ses mauvais choix, à ses défauts et à ses faiblesses, à sa peine et à sa tristesse, à ses espoirs et à ses rêves.

Sans pour autant valider les actes de cette personne, essayez de vous rattacher à son humanité et à ses imperfections alors que vous vous rattachez à votre propre humanité et à vos propres imperfections, à vos difficultés, à vos pertes, à votre douleur et à votre souffrance.

En tant que témoin compatissant de cet autre être humain, voyez si vous pouvez vous rattacher plus profondément à cette personne en tant qu'être humain fraternel. Prêtez attention aux pensées et aux sentiments de l'offenseur en sachant que vous avez aussi déjà ressenti des pensées et des sentiments semblables. À quoi cela pourrait-il ressembler d'avoir vécu la vie de la personne qui vous a offensé ? Du mieux que vous le pouvez, faites preuve d'une attitude de permissivité généreuse et d'acceptation bienveillante envers ce que vous ressentez en ce moment.

Étape 4 : Offrez le pardon, lâchez prise et continuez d'avancer

Maintenant, essayez d'amener à votre conscience ce à quoi pourrait ressembler votre vie si vous relâchiez toute l'énergie négative à laquelle vous vous attachez – vos revendications, vos rancunes, votre amertume et votre colère. Rattachez-vous aux raisons qui vous motivent à vous libérer de la colère et de votre désir de vengeance. Amenez-vous à visualiser un avenir différent rempli des choses que vous avez laissées passer ou en lesquelles vous avez cessé de croire faute d'avoir pu offrir le pardon. Voyez si vous êtes capable de vous rattacher à votre avenir sans oublier ce qui s'est déroulé dans le passé et sans traîner le poids de l'amertume, de la colère et du ressentiment envers la personne qui vous a fait du mal.

Laissez-vous prendre conscience du pas courageux vers l'avant que vous effectuez à ce moment-ci de votre vie, qui consiste à vous libérer de votre colère et de votre ressentiment. Vous sentez peut-être le fardeau et le poids des torts du passé et de la colère non résolue commencer à se soulever de vos épaules. Prenez le temps de vous rattacher véritablement à ce soulagement alors que vous vous imaginez en train de vous séparer du ressentiment et de l'amertume que vous avez traînés pendant si longtemps. Laissez tout cela se dissiper avec chaque expiration, puis avec chaque inspiration accueillez la paix et le pardon. Continuez à inspirer… et à expirer. Lentement. Profondément.

Lorsque vous êtes prêt, prenez conscience des moments où vous avez eu besoin du pardon d'autres personnes dans le passé. Représentez-vous en train d'accorder ce pardon à la personne vous ayant causé du tort ou vous ayant offensé. Que pourriez-vous dire à cette personne en ce moment? En réfléchissant à cela, prêtez attention à tout inconfort pouvant surgir et à la façon dont votre esprit réagit. Si la pensée «Cette personne ne mérite pas cela» ressurgit, prêtez simplement attention à cette pensée, puis laissez-la se dissiper doucement. Ramenez votre concentration à votre respiration en vous rappelant que les gestes apaisants et bienveillants de pardon sont pour vous, et non pour les autres. Imaginez le poids du fardeau soulevé de vos épaules alors que vous choisissez d'accorder le pardon. Rattachez-vous aux sentiments de guérison et de maîtrise qui accompagnent cela. Lorsque vous accordez la puissante offrande du pardon, prêtez attention à l'émergence de certains sentiments d'indulgence au même endroit où se trouvaient auparavant seulement de l'insensibilité, de la peine et de la douleur.

Vivez pleinement ce moment de paix au moment de retourner à l'image de la personne qui vous a offensé. Étirez doucement les mains et dites: «En te pardonnant, je me pardonne. En me libérant de ma colère envers toi, je suscite la paix en moi. J'accueille la paix et la compassion à l'intérieur de ma vie et à l'intérieur de ma peine et de ma souffrance. Je choisis de me libérer de ce fardeau que j'ai traîné depuis si longtemps.» Répétez ces phrases lentement au moment où vous accordez le pardon.

Au moment d'accorder ce pardon, laissez toutes les pensées et tous les sentiments venir en vous, et ne faites que les observer et les étiqueter. Ressentez le soulagement émotionnel qui survient lorsque le fardeau d'un ressentiment fond petit à petit. Voyez si vous pouvez remarquer la paix et le sentiment de force intérieure qui surgissent lorsque vous accordez de la compassion et du pardon durant ce moment. Ensuite, lorsque vous êtes prêt, ramenez votre conscience à l'intérieur de la pièce, à votre corps et au vacillement de la flamme de la chandelle. Complétez cet exercice en soufflant la chandelle en tant que geste symbolique de votre engagement à pardonner et à lâcher prise, et de votre volonté à poursuivre votre vie en regardant vers l'avant.

Parfois, nous nous accrochons au ressentiment en pensant que cela nous empêchera de ressentir de la douleur à nouveau. Si vous trouvez difficile de lâcher le ressentiment, acceptez cette difficulté sans juger. Chaque tentative est utile. Il est possible que vous ayez besoin de guérir davantage avant de pouvoir pardonner. Continuez d'accorder de la compassion thérapeutique à vos douleurs.

La contemplation spirituelle

De la même manière que les individus ayant établi des liens avec des adultes affectueux sont plus susceptibles de ressentir un sentiment de sécurité intérieure, les individus se sentant près de Dieu rapportent souvent qu'ils éprouvent un sentiment de sécurité plus profond, ainsi qu'une plus forte affirmation de leur valeur intrinsèque. Cela semble être confirmé par des études réalisées au cours des dernières décennies et indiquant que la spiritualité et l'engagement religieux engendrent des bénéfices d'ordre psychologique et physique de grande envergure – incluant une diminution de l'anxiété, de la dépression, des tentatives de suicide, de l'usage de drogues et des maladies physiques ; par ailleurs, on relève un sentiment de satisfaction accru par rapport à la vie, une appréciation accrue du mariage et une augmentation de l'espérance de vie.

Par exemple, en analysant des données provenant d'un sondage Gallup effectué chez des adultes âgés de dix-huit à quatre-vingt-dix-huit ans, J.R. Peacock et M.M. Poloma (1999) ont constaté que des adéquations pouvaient exister entre la satisfaction envers la vie et certaines variables religieuses et spirituelles. Des études précédentes (Pollner, 1989) avaient conclu que la relation d'un individu avec Dieu avait une corrélation plus importante avec le degré de satisfaction envers la vie que la race, le revenu, l'âge, la situation familiale et aller à l'église. Peacock et Poloma ont constaté que l'impression d'une plus grande intimité avec Dieu constituait le facteur de corrélation le plus important de satisfaction envers la vie tout au long d'une vie, suivi par l'expérience de la prière (sentir la présence, l'inspiration ou la paix de Dieu durant la prière), être membre d'une église ou d'une synagogue, aller à l'église ou à la synagogue, et pratiquer différents types de prière.

LA PROXIMITÉ AVEC DIEU

Le mot *contemplation* est un dérivé de deux racines latines, *con*, signifiant «avec,» et *templus*, signifiant «lieu de méditation.» Ainsi, la contemplation spirituelle implique-t-elle l'aménagement d'un espace à l'intérieur de nos vies pour ressentir la présence de Dieu. La plupart des traditions spirituelles partagent le même objectif: aider les individus à se rapprocher de Dieu, qui, selon la tradition à laquelle on adhère, peut s'appeler l'Être, l'Être unique, le Bien-Aimé, le Créateur Tout-Puissant, l'Être de Compassion, Allah, la Providence, la Source de Tous les Êtres, Dieu, l'Être Infini, Adonaï (l'Être Suprême), Shekkinah (Dieu en la demeure), Maître du monde, Être suprême, Père, Abba (en araméen, une manière affectueuse pour les enfants d'appeler leur père) ou bien d'autres noms.

Dans la plupart des traditions spirituelles, on décrit la contemplation comme un processus qui permet à un individu de se détacher de la pensée et de s'ouvrir à une intimité avec Dieu ; il fait confiance à Dieu ; il laisse venir en lui la présence aimante de Dieu et se laisse purifier par elle ; il ressent une union, une communion et un rapport divins ; il découvre ce qui est vénérable en lui ainsi que dans chaque instant de sa vie.

Ces objectifs se reflètent dans les pensées suivantes :

« Le paradis signifie être un avec Dieu. » (Confucius)

« Car mon père et ma mère peuvent m'abandonner, mais l'Éternel me recueillera. » (Livre des Psaumes 27 : 10)

« Lorsque vous aurez réussi à consacrer Dieu en votre cœur, vous Le verrez partout. » (Swami Sivananda)

« La visée la plus noble chez l'homme : la connaissance de Dieu. » (Moses Maimonides)

« Dieu est déjà chez nous. C'est nous qui sommes sortis pour aller faire une marche. » (Meister Eckhart)

« Venez à moi, vous tous qui êtes fatigués de porter un lourd fardeau, et je vous donnerai le repos. » (Mathieu 11 : 28)

« [Lorsque Pierre] s'exclama "Ô Seigneur, si c'est bien toi, ordonne-moi de venir vers toi sur l'eau", la réponse du Christ fut la même qu'à chaque autre fois: [Viens.]» (Jeffrey R. Holland)

«Lorsque vous avancez d'un pas vers l'Être Suprême, l'Être Suprême se rapproche de dix pas vers vous.» (Tradition sacrée attribuée à Mahomet)

«Chaque fois que l'on évoque la gloire de Dieu, on évoque aussi Son humilité. Il est à ce point grand qu'un seul être humain peut être aussi important pour Lui qu'un univers au complet.» (Talmud)

«Que vous aimiez Dieu ou que vous aimiez un être humain, si vous aimez assez, vous vous retrouverez en présence de l'Amour même.» (Rumi)

«Ce que nous aimons, nous le devenons. Ceux qui implorent Dieu avec sincérité finiront par retrouver la présence active de ce Dieu en eux-mêmes.» (Kabir Edmund Helminski)

«Le Seigneur est mon berger... Il me dirige près des eaux paisibles...» (Livre des Psaumes 23:1-2)

«Je prie pour que tous soient un. Père, qu'ils soient unis à nous, comme toi tu es en moi, et moi en toi.» (Jean 17:21)

«Il n'est pas nécessaire que l'Homme effectue une tournée des cathédrales du monde entier pour entrer en contact avec la divinité. Il n'a qu'à regarder à l'intérieur de lui. Pour faire cela, il doit s'asseoir et ne plus bouger.» (Albert Schweitzer)

«Je serai présent parmi vous et vous aurez droit au repos.» (Livre de l'Exode 31:14-15)

«En nous consacrant à Dieu, nous découvrons qui nous sommes vraiment.» (Anonyme)

«Ne savez-vous pas... que l'Esprit de Dieu habite en vous?» (I Corinthiens 3:16)

Exercice: La contemplation spirituelle

Dieu nous parle dans le silence de notre cœur... et nous écoutons.

— Mère Teresa

Cette méditation requiert habituellement de vingt à trente minutes. Trouvez un endroit où vous ne serez pas dérangé, puis commencez. (Vous pourriez envisager de préenregistrer le texte qui suit ou d'avoir quelqu'un pour vous le lire à voix haute.)

1. Préparez votre corps et votre esprit. Avant de commencer, vous voudrez peut-être vous étirer, faire une marche ou prendre un bain. Du mieux que vous le pouvez, relâchez la colère, la haine, la peur et toute autre attache négative.

2. Adoptez la posture de méditation (les pieds à plat sur le sol, le dos confortablement droit, les mains reposant sur vos genoux). Souvenez-vous des attitudes de la pleine conscience, plus particulièrement la compassion, l'acceptation, la patience, le non-jugement et la bonne humeur.

3. Fermez les yeux.

4. Contemplez paisiblement votre respiration. Laissez votre esprit et votre corps se calmer au cœur de votre respiration. Permettez aussi aux eaux troubles de l'âme de se calmer et de devenir limpides… silencieuses… immobiles. Implantez-vous au cœur de votre respiration et rendez-vous au-delà des pensées de l'esprit ordinaire. Ne jugez pas l'esprit qui vagabonde. Lorsque des pensées surgissent (comme «Je ne pense pas que je fasse cela comme il faut», «Je ne mérite pas de faire cela», «Cela me fait vraiment du bien – je voudrais que ça ne cesse jamais» ou «Et si ça ne fonctionne pas?»), reconnaissez simplement que ce ne sont que des pensées, puis ramenez votre attention au cœur de votre respiration.

Si cela peut vous aider, prononcez plusieurs fois à voix haute, ou pour vous-même, un mot apaisant (tel «amour», «intimité», «paix», «sérénité», «plénitude» ou «Abba») ou encore une formule (telle «présence divine», «plus près de Toi» ou «amour de Dieu»). Répéter ce mot ou cette formule pendant un certain temps aide à apaiser l'esprit.

5. Laissez un sourire en coin se dessiner sur votre visage et prêtez attention au sentiment que cela vous procure. Puis laissez ce sourire et ce sentiment de contentement se répandre à travers votre corps.

6. Et maintenant, considérez la miséricorde et l'amour-bonté tendre et infini de Dieu. Prenez quelques instants pour réfléchir à tous ces cadeaux du ciel qui nous inspirent des sentiments de gratitude… à tout ce qui vous apporte du réconfort ou qui ajoute de l'exaltation à votre vie, d'une petite ou d'une grande façon… à tout ce qui est merveilleux et bon. Prêtez attention à ce qui est amené à votre conscience. (Vous pensez peut-être aux sourires de vos êtres chers… à une gorgée d'eau limpide et rafraîchissante ou à une eau claire dans laquelle vous baigner… à l'odeur de la pelouse fraîchement tondue ou au parfum des fleurs… à une brise sur votre peau… à des nuages… à un lit dans lequel dormir… à tout ce que le corps peut faire – bouger, jouir de l'intimité sexuelle, parler… à de la nourriture savoureuse… à du dentifrice.) Au moment où vous prêtez attention au pouvoir créatif présent en toutes ces choses, vous reconnaissez peut-être également le pouvoir créatif caché en vous… et que vous avez votre place… une place estimée faisant partie d'une plus grande entité… d'un univers dans lequel tous les éléments sont interreliés. Et nous faisons allusion à ce pouvoir créatif présent dans l'univers d'une manière intime, en appelant Dieu notre Seigneur, Celui qui nous aide, nous protège, nous réconforte… et nous reconnaissons que le maître de la création prend soin, et se sent près, de chaque individu qui existe. Méditez quelques instants au sujet de cet amour. Laissez des sentiments de gratitude et de bonheur s'installer dans votre corps.

7. Prenez une inspiration un peu plus profonde, puis relâchez-la. Et maintenant, tournez-vous intérieurement vers Dieu… en étant conscient de l'amour-bonté de Dieu… et réceptif à Sa présence. Vous vous verrez peut-être en train de rassembler vos inquiétudes et de vous approcher de Dieu… d'aller vers Lui…. avec un cœur tendre et ouvert… en ressentant la présence de Dieu encore plus près. Tout ce que vous ressentez est bien, que ce soit du confort… un sentiment de sécurité… de chaleur… de satisfaction… de lumière… ou simplement un calme paisible et simple… Ouvrez-vous à cette présence à votre façon... Lâchez prise, détendez-vous et venez vous reposer au cœur de la présence amoureuse de Dieu... en vous sentant chez vous... en ressentant une communion paisible au pouvoir guérisseur... avec l'émerveillement de l'esprit du novice... sans essayer de provoquer quoi que ce soit, mais en demeurant patiemment réceptif à toutes les façons dont vous pourriez éprouver la présence divine dans l'immobilité paisible de votre cœur.

8. Laissez-vous habiter par ce sentiment de paix sereine et de sécurité pendant plusieurs minutes, en respirant doucement.

9. Prenez conscience du fait que vous pouvez toujours invoquer cette présence divine tout au long de la journée et que vous pourriez répéter cette méditation. Quand vous êtes prêt, rouvrez lentement les yeux.

D'AUTRES FAÇONS DE SE RAPPROCHER DE DIEU

La contemplation spirituelle ne constitue qu'un moyen de se sentir près de Dieu. La prière représente une autre voie complémentaire. La prière peut être ritualiste (comme lire dans un livre de prières ou réciter une prière apprise par cœur) ou venir du cœur. Elle peut aussi s'exprimer sous forme d'adoration ou de louanges, de gratitude, de conversation (en parlant dans votre propre langage et avec vos propres mots pour discuter de vos problèmes, de vos projets ou de vos inquiétudes) ou de pétition (demander de l'aide, un éclairage pour prendre une décision ou le pardon). Lire les écritures sacrées, assister à des offices religieux, accomplir des actes d'entraide (appelés parfois «l'amour en action») et mener sa vie de manière honorable constituent d'autres moyens de nous ouvrir à une intimité avec Dieu. Mère Teresa enseignait que la sainteté est un devoir simple à accomplir pour quiconque ; peu importe la condition d'un individu ou le poste qu'il occupe, il peut agir avec sainteté. En faisant de la sorte, nous pouvons choisir de nous libérer des habitudes autodestructrices ou qui causent du tort aux autres et choisir d'accomplir le bien de nombreuses façons (comme faire des petits gestes de bonté envers les membres de notre famille). Le père Thomas Keating (1992), dont les textes sur la contemplation sont nombreux, affirme que la repentance consiste à changer la direction dans laquelle nous nous étions engagés afin de trouver le bonheur.

La véritable entité est constituée de l'esprit, et non pas de ce corps physique qui peut être pointé par votre doigt.

— Cicéron

10

Chapitre

Regarder vers l'avant

L'optimisme, qui est relié à l'estime de soi, nous permet d'anticiper un avenir prometteur. La satisfaction envers la vie dépend, entre autres choses, des capacités de notre intelligence émotionnelle (comme se guérir et prendre soin de soi émotionnellement), de notre désir de continuer à faire ce qui fonctionne, de notre croissance personnelle, et de notre désir de donner un sens et une raison d'être à notre existence. Ce chapitre examinera les trois derniers processus reliés à l'estime de soi et à la satisfaction envers la vie : le développement de la personnalité, donner un sens et une raison d'être à notre existence, et la prévention des rechutes.

Le développement de la personnalité : nous ouvrir à ce que nous pourrions devenir

Le développement de la personnalité s'apprécie plus pleinement à partir du moment où les assises constituées de la valeur inconditionnelle et de l'amour inconditionnel sont bien implantées. Il serait prématuré – et nullement réjouissant – d'essayer de nous améliorer sans que ces pierres d'assises soient présentes. Il est donc préférable que vous appreniez les capacités décrites dans ce chapitre en dernier lieu, après avoir commencé d'accroître votre sentiment d'estime de soi et d'amour envers soi.

Nous considérons le développement de la personnalité comme un processus parce qu'il est continu et qu'il n'est jamais véritablement complété. Ce cheminement peut s'effectuer avec une attitude bienveillante et plaisante. Pensez aux aspects réjouissants des gens qui vous entourent – amis, proches, voisins, enfants, collègues de travail ou gens célèbres. Nous ne nous transformons pas en l'espace d'une nuit, et nous ne souhaiterions pas devenir simplement identique à quelqu'un d'autre, mais nous pouvons croire en notre capacité de cultiver, d'une manière qui nous ressemble, nos qualités personnelles en latence. La liste qui suit énumère certaines qualités habituellement estimées chez les gens.

Appréciatif	Enjoué
Déterminé, résolu	Chaleureux
Ouvert aux nouvelles expériences	Sincère
Éprouvant des sentiments d'émerveillement, de ravissement, d'admiration	À l'aise avec toute la gamme des émotions
Souple (pas rigide; peut s'adapter, prêt à fléchir)	Reconnaissant
Gentil	Courtois
Enthousiaste	Sensible aux autres, attentif, intéressé
Aimable, accueillant	Courageux (persévère en dépit de ses craintes)
Vulnérable (qui apprécie vraiment ceux qui se pensent parfaits?)	Respectueux
Fort	Prévenant
Travailleur	Rassurant, avec qui l'on se sent bien
Calme	Autonome (qui n'est pas dans le besoin)
S'exprimant clairement	Encourageant
Organisé	Stable
Humble	Audacieux
Patient	Bienveillant

Plein d'aisance, gracieux	Faisant preuve de tact
Aimant s'amuser	Optimiste (ne s'attarde pas aux choses négatives)
Indépendant, motivé	Curieux
Indulgent	

Y a-t-il d'autres qualités que vous pourriez ajouter? Si vous aviez à choisir cinq qualités à développer, simplement pour le plaisir, lesquelles retiendriez-vous? Encerclez ces choix. Puis essayez simplement d'être ouvert à l'idée de développer ces qualités au quotidien. Vous pourriez méditer de temps en temps au sujet des transformations que votre vie subirait si ces qualités étaient développées davantage. Par exemple, si vous souhaitiez développer la courtoisie, vous pourriez réfléchir à l'effet que cela aurait sur vous, et sur les autres, de dire plus souvent merci, de céder la voie aux voitures qui vous précèdent, de faire des gestes bienveillants à l'égard d'autrui ou de sourire aux vendeurs. Ce qui est merveilleux par-dessus tout est de savoir que le développement de la personnalité peut se poursuivre même lorsque nos corps vieillissants se retrouvent en déclin.

La seule fin légitime à notre existence sur Terre consiste à compléter l'œuvre de Dieu – à exploiter pleinement toutes les aptitudes et tous les talents dont Il nous a fait don.

— Eric Hoffer

Un sens et une raison d'être

L'estime de soi est étroitement liée au sentiment que notre existence comporte un sens et une raison d'être. Viktor Frankl, célèbre pour avoir survécu aux camps de concentration, a déjà observé que le fait de savoir que notre vie a un sens et une raison d'être confère aux individus une force intérieure sereine leur permettant d'endurer de grandes souffrances. Frankl explique que les camps de concentration avaient amené certaines personnes à s'abaisser à commettre des actes de dépravation, mais que d'autres s'étaient élevées à des sommets insoupçonnés de force morale et de dévouement. La fierté du survivant, ressentie par les individus qui traversent des périodes de grandes souffrances en faisant preuve de résilience, s'applique à ceux (1) qui découvrent qu'ils possèdent une force intérieure de plus grande envergure que l'adversité qu'ils supportent, et (2) qui savent que leur existence détient encore un sens et une raison d'être. Le sens et la raison d'être de notre existence découlent de la découverte et du développement de notre sens moral et des forces de notre personnalité. Ils découlent aussi du recours à ces forces pour apporter de l'aide aux autres, ce qu'Aristote décrivait comme un sentier menant au bonheur.

Des études ont montré que définir le succès principalement à partir de critères d'ordre matériel nuisait aux capacités d'adaptation psychologique. Cependant, un aspect commun à l'ensemble des cultures est celui selon lequel tout individu qui pense aux autres et qui vise à améliorer le sort de la planète atteint un niveau de bonheur plus élevé et possède une plus grande conscience de sa valeur intrinsèque. Les individus qui comprennent cela tôt dans leur vie sont privilégiés. Dans la culture japonaise, *kigatsuku* constitue l'esprit intrinsèque qui nous aide à voir les besoins chez les autres et à leur apporter de l'aide sans qu'ils aient à le demander. La talentueuse maître à penser Chieko Okasaki raconte que lorsqu'elle était enfant sa mère lui disait: «Je me cherche une fillette *kigatsuku* pour m'aider à faire la vaisselle.» Avant longtemps, la petite Chieko apprit à voir ce qu'il y avait à faire et à apporter une aide sans qu'on ait à le lui demander. Aujourd'hui, alors qu'elle voyage beaucoup pour effectuer des services publics, il lui arrive de ramasser des déchets dans les toilettes publiques, qu'elle se considère comme privilégiée d'utiliser, en expliquant qu'il appartient à chacun d'y aller de sa contribution.

Comment pouvons-nous faire de la planète un meilleur endroit pour vivre? Il existe plusieurs façons. Un jour, lorsqu'un individu demanda à Mère Teresa de quelle façon il pouvait l'aider, elle lui répondit simplement: «Venez voir.» Nous pouvons simplement observer ce qui a besoin d'être fait, et ensuite l'accomplir de notre mieux: apporter une aide physique (comme nettoyer ou offrir un transport) ou sourire, ou encore offrir une écoute attentive ou des encouragements. Faire de simples gestes d'entraide pour notre famille, nos amis, des collègues de travail ou des étrangers. Ou, si nous en avons les moyens, donner de notre temps ou de notre argent à une bonne cause (par exemple une soupe populaire, Les mères contre l'alcool au volant, l'Habitat pour l'humanité ou une campagne politique). De plus, nous pouvons concevoir notre travail comme une façon d'apporter une contribution. Par exemple, un concierge pourrait simplement considérer que son travail consiste à s'occuper des déchets, tandis qu'un autre pourrait estimer qu'il s'agit de créer un environnement propice à l'enseignement des éducateurs et à l'apprentissage de toute une génération d'enfants.

Une autre façon de faire de notre planète un meilleur endroit pour vivre consiste à embellir ou à améliorer notre environnement par égard pour les autres. Cela peut impliquer une expression artistique (comme peindre ou écrire de la poésie), inventer, refaire une beauté à votre maison ou à votre espace de travail, ou ramasser des déchets se trouvant sur un sentier que vous empruntez. Imaginez-vous dans les souliers d'une autre personne et essayez de voir comment vos comportements pourraient affecter cette personne. Plante (2004) rappelle que la femme de ménage dans un hôtel nettoie le désordre laissé par les autres, mais que les clients de cet établissement l'ignorent souvent complètement. Peut-être apprécierait-elle une simple salutation de leur part. Après s'être occupé de clients exigeants tout au long d'une journée, un vendeur se sent peut-être fatigué. Un sourire compatissant ou un simple remerciement pour ses bons services pourrait faire toute une différence.

S.C. Hayes (2005; Eifert, McKay et Forsyth, 2006) rappelle que nous transportons tous des fardeaux – des souvenirs, des blessures partiellement guéries, des inquiétudes, des doutes de soi ou des craintes. Au lieu d'essayer d'ignorer, de nier ou de camoufler ceux-ci, vous pourriez les considérer comme des passagers à bord de l'autobus que vous conduisez à travers le cours de votre vie. Vous reconnaissez de manière compatissante qu'ils sont à bord, mais vous n'avez pas besoin de répondre à chacune de leur demande de vous arrêter, d'effectuer un détour ou de les laisser prendre le volant. De cette manière, nous pouvons avancer avec détermination dans la vie, même avec des imperfections. N'oubliez pas que vous êtes le conducteur de votre vie et non pas le passager. Choisissez une vitesse de croisière qui vous convient. Vous ne pouvez pas tout faire, ni tout faire en même temps. Mais vous pouvez éprouver le sentiment de sécurité et de satisfaction qui découle de la réalisation de certaines choses.

Il n'existe pas de plus grande satisfaction pour un individu juste et bien intentionné que celle de savoir qu'il a consacré ses meilleures énergies pour être au service de la bonne cause.

— Albert Einstein

La prévention des rechutes

Nous avons examiné plusieurs aptitudes pratiques pour développer l'estime de soi. Comme pour l'apprentissage d'un instrument ou d'un sport, nous améliorons nos aptitudes à force de nous exercer. Ces aptitudes peuvent atténuer les contrecoups que nous font subir les expériences de vie éprouvantes et nous aider à préserver notre estime de soi face à l'adversité.

La dernière compétence, la prévention des rechutes, vous permettra d'anticiper et de développer un plan pour faire face à une situation difficile qui pourrait menacer votre estime de soi. C'est ainsi que se préparent les athlètes, les combattants, les pompiers et tout autre individu préalablement formé pour anticiper des situations stressantes – en répétant mentalement tout ce qu'ils vont penser et faire avant, pendant et après avoir affronté un événement émotionnel ou éprouvant. La prémisse derrière cette approche est que nous sommes moins susceptibles de nous sentir dépourvus par rapport à une situation difficile si nous sommes bien préparés à y faire face.

Exercice : L'inoculation contre le stress

1. Choisissez une situation difficile qui pourrait miner votre estime de soi. Par exemple, un mauvais rendement dans l'exécution d'une tâche importante, un échec par rapport à des objectifs personnels importants, ou une situation pouvant mener à un rejet, à un mauvais traitement ou à des critiques.

2. Cochez toutes les affirmations qui pourraient vous être utiles pour faire face à une situation difficile de ce genre.

Avant

- ❑ Cela pourrait être difficile et éprouvant. Je vais prendre une bonne respiration et faire du mieux que je peux.
- ❑ Si je reste calme et que je fais de mon mieux, il est fort probable que je réussirai bien.
- ❑ Peu importe ce qui arrive, je serai encore une personne qui en vaut la peine.
- ❑ Personne n'est parfait. Détends-toi et fais du mieux que tu peux.
- ❑ Cela représente une occasion de m'améliorer. Je considère cela comme une chance.
- ❑ Je n'ai pas peur de prendre des risques et de perdre, car je sais que ma valeur provient de qui je suis, et non de ce que je fais.
- ❑ Ce sera bien de réussir. Si je n'y parviens pas, ce ne sera pas la fin du monde.

- ❑ Même si je n'atteins pas mon objectif, je vais acquérir une expérience pratique.
- ❑ Je vais me concentrer pour faire ce que je peux et ne pas m'inquiéter de la tournure des événements.
- ❑ Je vise l'excellence et non la perfection.
- ❑ J'ai le droit autant que quiconque de m'essayer à le faire.
- ❑ Je vais ressentir la satisfaction d'avoir donné le meilleur de moi-même pour accomplir ceci, et je ne m'en ferai pas trop au sujet du résultat.
- ❑ Je vais évaluer calmement la situation et ensuite j'y ferai face avec toutes mes compétences. C'est à peu près tout ce que l'on peut exiger d'un individu.
- ❑ Autres affirmations: ______________________________

Pendant

- ❑ Reste calme et concentre-toi sur la tâche. (Les inquiétudes nous éloignent de la tâche à accomplir.)
- ❑ Vas-y doucement – une étape à la fois.
- ❑ Il est naturel de ressentir de la peur, de la tension et de la frustration. Tout ce que je ressens est bien.
- ❑ C'est dommage que les choses ne soient pas plus parfaites, mais ce n'est pas une catastrophe.
- ❑ Il arrive parfois que nous subissions des journées comme celles-ci. Persévère.

- ❑ J'accepte que ce soit une situation difficile.
- ❑ Peu importe ce qu'il m'arrive, je me sentirai bien à l'intérieur.
- ❑ Il n'est pas nécessaire que les choses se déroulent à la perfection.
- ❑ N'oublie pas de rire. Je ne suis peut-être pas parfait, mais au fond, je sais que je suis encore pas mal super.
- ❑ Autres affirmations: ______________________________

Après

Si les choses se sont bien passées:

- ❑ J'ai accompli un bon travail. Ça s'est bien passé.
- ❑ J'ai fait de mon mieux et je suis satisfait du résultat.
- ❑ Il est agréable de relever des défis et de bien réussir.
- ❑ Autres affirmations: ______________________________

Si les choses ne se sont pas bien passées:

- ❑ Dans ce domaine, je suis un néophyte. La prochaine fois, j'essayerai une autre approche.
- ❑ Cette situation était véritablement difficile.
- ❑ C'est de l'histoire ancienne.
- ❑ Tout le monde commet des erreurs.
- ❑ À la fin, j'arriverai à comprendre comment réussir dans ce domaine.

❑ Même si je suis déçu, je suis encore une personne qui en vaut la peine.

❑ En dépit du résultat, j'ai le droit d'apprendre de tout cela et d'essayer à nouveau.

❑ Même si mes compétences ne m'ont pas suffi pour réaliser cette tâche, j'en vaux toujours la peine en tant que personne.

❑ Bon, et maintenant? Quelle est la meilleure chose à faire maintenant?

❑ Ça aussi, ça finira bien par passer.

❑ Je ressens de la satisfaction de savoir que j'ai fait de mon mieux.

❑ Bon, alors je n'ai pas réussi aussi bien que je l'aurais voulu aujourd'hui. Peut-être qu'avec du repos et un peu plus d'entraînement je pourrai m'améliorer.

❑ Même si certaines personnes me jugent sévèrement, je peux considérer la situation avec bienveillance.

❑ À cause de cette déception, je serai particulièrement compatissant envers moi-même.

❑ Une erreur n'est pas perpétuelle.

❑ Là où il y a de la vie, il y a de l'espoir.

❑ D'ici quelques années, tout cela aura-t-il véritablement de l'importance?

❑ Autres affirmations: ______________________________

3. Écrivez plusieurs de vos affirmations préférées pour chacune des catégories.

4. Si vous avez lu les chapitres précédents, profitez de cette occasion pour les revoir de manière à déterminer quels principes et compétences vous sont les plus utiles. Puis dressez une liste de ce que vous feriez avant, durant et après la situation éprouvante. Par exemple, avant de devoir affronter la situation, vous voudrez peut-être faire un peu d'exercice et réaliser la scanographie corporelle afin de vous calmer, et utiliser des images de maîtrise et de compétence pour accroître votre confiance. Durant la situation éprouvante, vous voudrez peut-être détendre votre corps et respirer de manière consciente pour rester calme pendant que vous mettez en œuvre les stratégies prévues. Ensuite, vous pourrez utiliser votre petit journal des pensées et recourir à vos capacités de défusion, ainsi qu'à votre entraînement cognitif ; à la méditation par le sourire ; à laisser venir les émotions en vous ; à recourir au miroir conscient, ainsi qu'aux aptitudes reliées au pardon. (Si vous n'avez pas lu les chapitres précédents, revenez à cette étape une fois que vous l'aurez fait.)

5. Répétez mentalement ce que vous allez faire et dire avant, pendant et après la situation éprouvante jusqu'à ce que vous vous sentiez raisonnablement confiant dans votre compétence à l'affronter. Vous pouvez vous préparer à faire face à toute situation éprouvante de la même façon.

Choisissez un parcours, si étroit et tortueux soit-il, à l'intérieur duquel vous pouvez marcher avec amour et respect.

— Henry David Thoreau

Biographie

Glenn R. Schiraldi, Ph. D., a travaillé au service des facultés de gestion du stress du Pentagone, de l'International Critical Incident Stress Foundation ainsi que de l'Université du Maryland, où on lui a décerné le prix d'excellence en enseignement au College of Health and Human Performance. Il est l'auteur de divers articles et ouvrages traitant de la santé mentale et physique chez l'être humain. Ses livres dont le sujet est relié au stress comprennent *The Self-Esteem Workbook; The Post-Traumatic Stress Disorder Sourcebook; World War II Survivors: Lessons in Resilience; Conquer Anxiety, Worry, and Nervous Fatigue; The Anger Management Sourcebook; Hope and Help for Depression;* et *Facts to Relax By.* Plusieurs publications universitaires et médias ont pris soin de souligner la qualité exceptionnelle de l'écriture de Schiraldi, dont le *Washington Post*, l'*American Journal of Health Promotion*, la *Mind/Body Health Review*, ainsi que l'*International Stress and Tension Control Society Newsletter.*

Pendant qu'il travaillait au Pentagone, Schiraldi a contribué à la création et à l'implantation d'une série de cours destinés à la gestion du stress chez les militaires, notamment sur la gestion de l'hostilité et de la colère, ainsi que sur les compétences communicationnelles. Il dirige une formation en résilience pour la prévention du trouble de stress post-traumatique à l'International Critical Incident Stress Foundation. Au service de l'Université du

Maryland depuis 1980, il est un pionnier dans l'enseignement d'un bon nombre de cours axés sur le corps et l'esprit, qui ont permis à un large éventail d'adultes de se prémunir contre les maladies physiques et mentales reliées au stress. Schiraldi a également travaillé au sein du conseil d'administration de la Depression and Related Affective Disorders Association, fondée en tant que coopérative du département de psychiatrie de l'Université John Hopkins. Il est présentement membre du comité de rédaction de l'*International Journal of Emergency Mental Health* et fait partie du groupe de travail pour la prévention du trouble de stress post-traumatique chez ABC News.

Il est diplômé de l'Académie militaire de West Point et titulaire d'un diplôme universitaire de l'Université Brigham Young *(summa cum laude)* et de l'Université du Maryland.